因為人腦太難解
——所以需要——

怪癖心理學

ECCENTRICITY PSYCHOLOGY

強迫症｜特殊愛戀｜人格障礙｜不良嗜好｜殘酷實驗

生活中耳熟能詳的怪異行為，可能自己也是其中一員！

▶ 看到別人驚慌失措就興奮不已，「露鳥俠」是心理變態嗎？

▶「我一定快死了！」為什麼有些人明明很健康卻總是自疑？

▶ 要當侵略者才能在社會生存，「反社會人格」怎麼出現的？

▶ 右手開門左手就關門！「異手症」好像被外星人控制住了？

葉鴻羽 著

京師博仁 組編

非比[illegible]常的心理學知識普及，探究人類內[illegible]心的高度複雜性

樂律

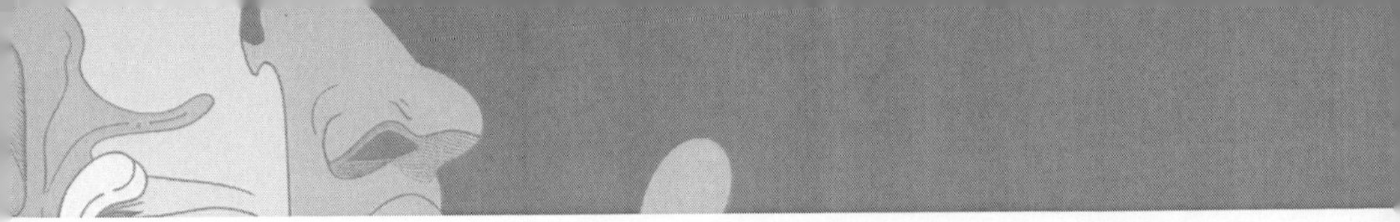

目錄

目錄

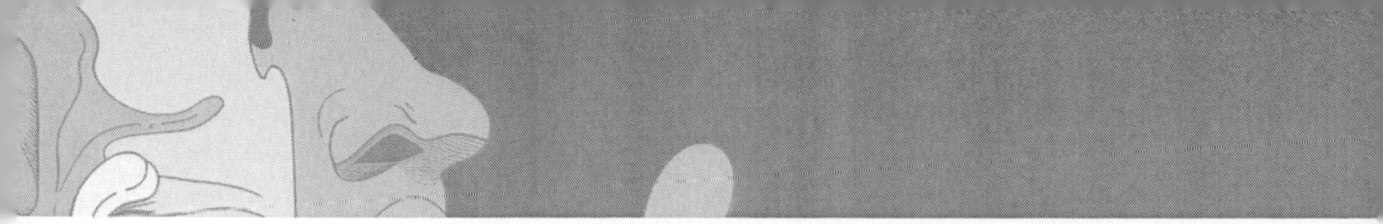

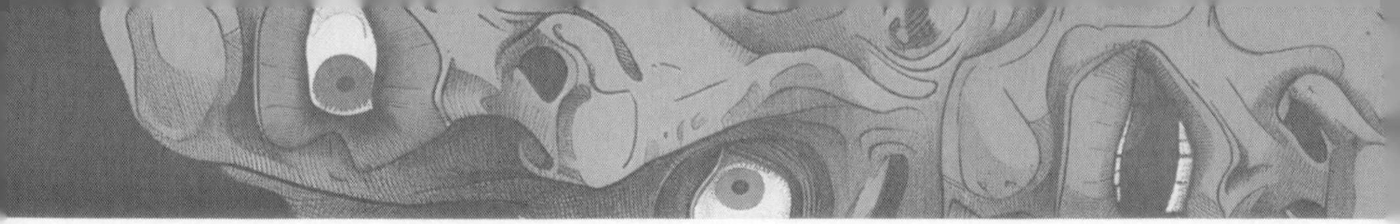

目錄

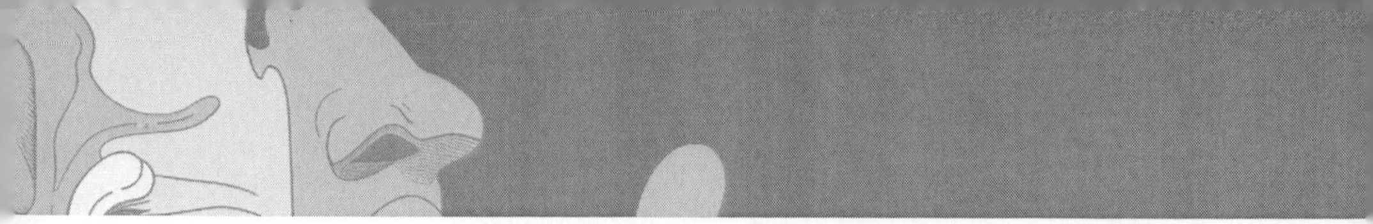

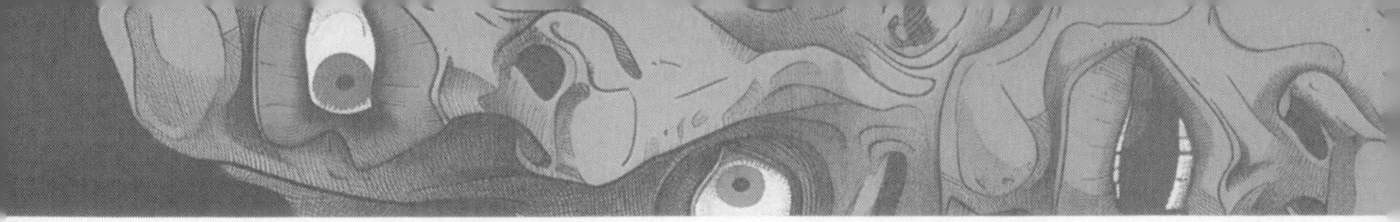

目錄

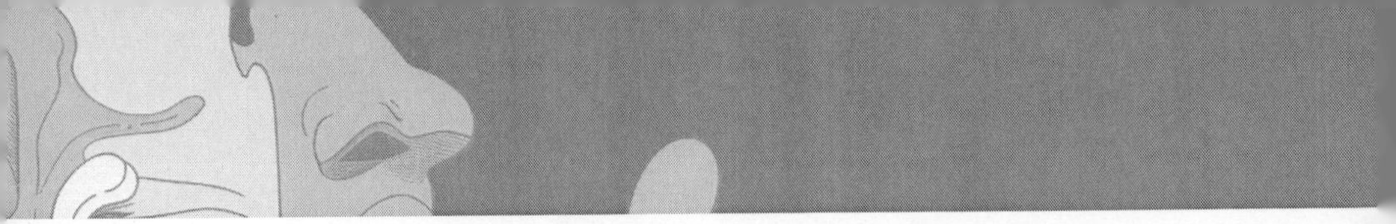

前言

在現今社會，總是有很多千奇百怪的人或事情讓我們看不懂：

為什麼有些人總是喜歡無緣無故地傷害自己？

為什麼有些人明明經濟條件不錯，卻喜歡偷別人的東西？

為什麼有些人長得非常標緻，最終卻與相貌不佳的另一半走到了一起？

為什麼有些人總是喜歡裸露自己的身體？

為什麼有些人總是沒來由地感到害怕？

……

其實，這些有悖於常理的現象都是不同的心理怪癖表現：自殘癖、偷竊癖、戀醜癖、裸露癖等，而這些怪癖都是內心欲望的投射。怪癖是人的兩面性的展現，人既會產生做正確事情的衝動，也會有做壞事的欲望。如果壓制這做壞事的衝動，有可能會適得其反。

本書透過通俗易懂的文字來為大家生動地介紹各種「癖」的愛好者，比如：戀物癖、厭食癖、整形癖等，並進行深入分析，以揭示怪癖的真相，揭露人們行為背後的心理

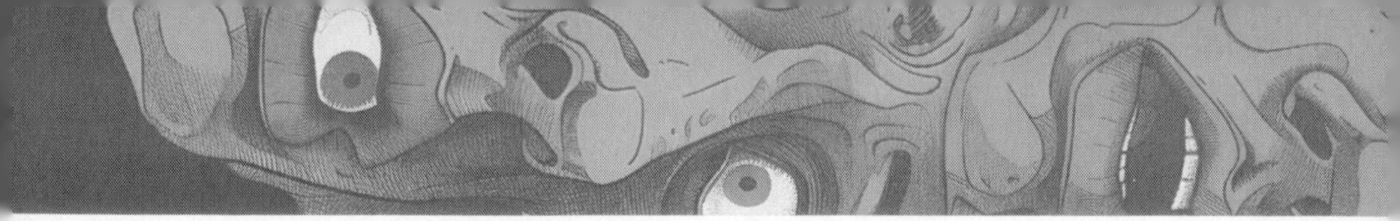

奧祕。另外，書中還條理清晰地講述了各種非正常心理的行為矯正和治癒方法，以幫助那些「癖」的愛好者勇敢地正視這些怪癖，進行正確的心理疏導，從而走出心理陰霾，獲得健康、美好的幸福人生！

第1章

不可思議的癖好：他們是「變態」嗎

潔癖：到處都遍布著細菌

在上大學時，璐璐是宿舍中最愛乾淨的一個人，她每天都會將自己的衣服、被單洗得乾乾淨淨。每天回到宿舍第一件事就是洗手，並且用肥皂反覆洗。因為在她的眼中，細菌無處不在，所以她認為只有反覆清洗才能將細菌消除。由於經常反覆地洗手，璐璐的手都有些脫皮了。不僅如此，宿舍裡的人都知道，璐璐的床鋪除了她自己，其他人都不可以坐，否則，她就會立刻與人翻臉。

有一次，室友帶著朋友來玩，對方不知寢室的這條規則，在與室友聊天的過程中，順勢就坐在了璐璐的床上。此時，正好璐璐回來了，她看到這個情景立刻叫喊道：「妳是誰啊，怎麼可以隨便坐我的床鋪呢？」室友急忙解釋道：「不好意思，璐璐，這是我的朋友。」璐璐見室友已經道歉了，便不再說什麼，但等室友的朋友走了之後，她便將床單換掉，反覆洗了很久。

不僅如此，璐璐每次與同學去逛街，都會在包中放上一副手套和一些衛生紙。每次搭乘公車或是捷運時，如果有座位的話，她會將衛生紙放在座位上，然後再就座；如果沒有座位，她則會先戴上手套，再去抓車把手。起初，有些同學還笑話璐璐太愛乾淨了，可是時間久了，大家都知道她的這種癖好，也就見怪不怪了。

不過，與璐璐不熟悉的人見到她這樣的做法往往感到很不解，認為她非常怪異，更不願主動與其交流。所以，在大學四年裡，璐璐最為相熟的朋友只有宿舍裡的幾個室友。

喜歡乾淨本是一件好事，可是過於清潔和乾淨，則是潔癖的表現，它不僅影響正常的生活和工作，尤其是在社會交往中，也會受到很大地妨礙。潔癖有輕重之分，比較輕的潔癖是一種不良習慣，而較為嚴重的潔癖則是一種心理疾病，屬於強迫症的一種。像案例中的璐璐就屬於比較嚴重的潔癖，因為頻繁地洗手，導致手上的皮膚都有脫皮的情況發生。其實，潔癖並不是只發生在女性身上，很多男性也會存在這種怪癖，有時候還表現得更為嚴重。

曾有新聞報導稱，一位高中男孩因為潔癖，每天出門都會帶很多衛生紙，凡是用手接觸的東西，他都會用紙反覆擦拭；別人遞給他的水或是吃的東西，他從來都不會接，都是自己隨身攜帶；即使別人遞給自己一枝筆，他也不會接，認為上面有太多的細菌。

一般來說，患有潔癖的人在主觀上會感到一種無法抗拒的意向和衝動。對於他們而言，雖然能夠意識到這些行為是不應該出現的或是沒有任何意義的，但內心卻會產生強烈的焦慮和恐懼，讓他們不得不採取某些行為來安慰自己。

比如：案例中的璐璐每次出門如果不戴手套，在接觸某些東西後，她就會感到手特別髒，上面有很多細菌，所以心裡非常不舒服，非要去清洗數次或是清洗一定的時間。如果不那樣做，她就會感到特別焦慮。而只有清洗多次，她在心理上才會舒服一些。

那麼，潔癖產生的原因有哪些呢？對此，有專家總結出以下幾個因素：

◆心理因素

大多數的潔癖患者都有強迫型人格，這是產生潔癖的心理基礎。專家對患有潔癖的人進行調查發現，在他們的症狀加劇前都曾發生過一些突發事件，比如親人去世、父母離異等都會造成心理緊張，導致情緒波動很大，從而誘發強迫症。

◆家庭因素

有些潔癖患者的父母具有強迫型人格，所以會對他們造成潛移默化的影響。由於他們所接受的家庭教育比較嚴厲、古板，甚至有些冷酷，所以，潔癖患者就會變得謹小慎微、固執、刻板。在生活上，他們會過分地要求自己有規律地作息，凡事都要井井有條。如果稍微發生改變，他們就會感到焦慮不安。

而有些父母則會在衛生習慣上對孩子要求過嚴，逼迫他們反覆洗手，這種行為會對他們產生強烈的心理暗示作用，尤其是對那些比較敏感、內向的孩子影響更大。比如：璐璐的父母都是軍人，他們做事一向較為刻板，所以在生活上過分地要求璐璐，對她也非常嚴厲，致使璐璐的潔癖越來越嚴重。

◆社會因素

有些人在強迫型人格的基礎上會逐漸出現潔癖的症狀，尤其是在青少年時期，在生理上會有明顯的變化，而在與人交流的過程中也會產生不適應，這都有可能導致潔癖症狀的加重。另外，一些外界的不良刺激等也會誘發潔癖，比如：生活和工作環境的變動、工作氛圍比較緊張等。

其實，在日常生活中，我們會經常看到那些有潔癖的人，他們的生活目標好像就是做好自己的個人衛生，每天都非常關注細菌，而沒有時間顧及其他的，也沒有什麼興趣愛好。長此以往，不僅會影響身體健康，還會損害心理健康。那麼，如何預防和治療潔癖呢？對此，有專家提出以下幾點建議：

◆調整自己的觀念

講衛生雖然是為了我們的身體健康，但它並不是我們追求的生活目標，如果將大部分的時間都花在清潔上，而沒有時間享受生活，就會本末倒置。因此，專家建議，我們應該適度地接觸細菌，才能產生抵抗力，因為身上的某些細菌會在體內形成抗體，從而抵抗外來的一些病菌。如果過於清潔自己，反而更易生病。

◆採用認知療法（cognitive therapy）

所謂的認知療法，最為關鍵的措施就是對潔癖患者進行觀念上的改正，主要從以下幾個方面入手：找出產生潔癖的原因，並用科學知識來消除患者心中的誤解；讓患者改變自己的思維方式，先做重要的事情，再做其他事情；如果是年幼的孩子，則需要家長積極配合，不要過分地苛求他們的清潔情況。同時，當孩子在某些方面做得不錯時，要及時給予表揚和獎勵。

◆運用洪水療法（flooding therapy）

即讓潔癖患者坐在房間中，並讓親朋好友做助手。首先，讓患者全身處於放鬆的狀態，閉上雙眼，然後讓助手在患者的身上塗上墨水、染料等液體。在塗抹時，患者要盡量放鬆，而助手此時要盡可能多地用語言來形容手已經很髒了，但患者要堅持和忍耐住，直到不能再忍耐時才睜開眼睛看看自己到底有多髒。運用這種方法治療時，不管患者有多麼痛苦、焦慮都要堅持住，而且助手也要在一旁給予積極的鼓勵，才會幫助患者盡快戰勝潔癖。

偷竊癖：喜歡做「小偷」

陽陽是一個高三的學生，性格比較孤僻，不怎麼喜歡與同學來往，但總喜歡請同學吃東西或是喝飲料，對錢財也不在意。因為他的父母都是做生意的，所以家境比較殷實，他每個月的生活費都是幾萬元。在同學們的眼中，陽陽就像是一個富二代。但讓人意想不到的是，這個「富二代」竟然是一個喜歡偷盜的「小偷」。

最近，學校裡的超市發生了失竊事件，據超市的負責人反映，超市經常會丟失一些日用品，比如襪子、毛巾等。可是學校保安人員查了一段時間後並沒有發現是何人所為，所以他們只好建議負責人在超市各個角落中裝上監視器，這樣才能知道到底是誰偷竊了那些物品。

當負責人在超市裝了監視器之後，他發現每次陽陽來買東西時，超市都會少幾樣東西。而且查看監控錄影發現，陽陽確實有偷盜的嫌疑，因為他會在那些丟失的物品前停留很久，然後又像沒事似的拿著一些東西結帳。當超市負責人將這些影片放給學校的保全人員看之後，他們對陽陽進行了一番詢問，陽陽也承認自己確實「拿」了那些東西，但他並沒有使用它們，而是將其隨意丟掉了。

當陽陽的班導師和同學知道這件事後都感到不解：因為陽陽並不缺錢花，也不缺那些東西用，為什麼會有偷竊的行為呢？後來，班導師對陽陽教育了一番，陽陽也向老師保證以後不再「偷」東西了。可是沒過多久，他在超市「偷」東西時再次被負責人抓個現行。

其實，陽陽這種行為就屬於偷竊癖，這是屬於意志控制障礙範疇的精神障礙，主要的表現就是反覆出現或是無法控制自己的偷竊行為，即使遭到懲罰和教育，也難以改正。這種偷竊行為並不是為了謀取經濟利益，也沒有其他明確目的，純粹是由於無法抗拒內心的衝動。每次偷竊後內心都會產生快感和滿足，而對所偷的物品會隨手丟棄或是將其收藏，抑或是偷偷地送還給原主。所以，它與一般偷竊行為是有區別的，它並不是有計畫、有預謀地去偷竊。

一般來說，患有盜竊癖的人並沒有出現精神異常等情況，也沒有智商缺陷。患者往往是在幼年或是少年時期就會產生這種行為，而且這種偷竊的衝動似乎有一定的週期，他們無法克制這種偷竊的衝動，對偷何種物品也沒有明確的目標，遇到什麼就偷什麼，更不是為了某種經濟利益，也不會為自己所用，只是為了滿足自己的變態心理需求。

心理學家表示，偷竊癖是一種很難矯正的心理疾病。對於很多人來說，他們往往很難理解有偷竊癖的孩子，所以常用一種想當然的錯誤方法來試圖矯正其行為，但結果卻產生反作用。比如：很多家長得知孩子有偷竊癖，就會對孩子進行打罵、懲罰。這種做法只會給他們帶來快感，反而讓他們更沉迷於偷盜。

那麼，偷竊癖是如何形成的呢？有專家透過分析總結出以下幾點原因：

◆性格原因

經過研究發現，有偷竊癖的患者大多存在性格缺陷，例如比較自私狹隘、倔強、交際面窄等。最為顯著的特點就是有很強的報復心，不管是家人的責罵還是其他人的批評，都會讓他們產生一種報復的衝動，而這種衝動就會透過偷竊來進行發洩。心理學家經過大量的研究證明，很多偷竊癖患者起初都有一種報復的心理，想要透過偷竊來報復傷害自己的人，但之後的偷竊行為似乎與報復動機並沒有太大的關係，而是一種習慣。

◆環境影響

心理學家透過分析發現，偷竊癖患者之所以會有偷盜的癖好，與環境有很大的關係。比如：案例中的陽陽從小就缺少父母足夠的關心和溝通，父母常常為了忙生意而將他一個人放在家裡，這讓他的性格變得有些孤僻，也不懂得如何與人溝通。另外，陽陽總感覺自己不受父母的重視，好像被他們遺忘了似的，所以內心非常失落。於是，他便用偷竊的行為來引起父母或是其他人的注意，以獲得心理上的滿足。

◆好奇心被壓制

對於小孩來說，他們對任何事物都充滿了好奇心，總是想要摸一摸、碰一碰，可是有些家長卻壓制孩子們的好奇心，從而限制了孩子們的探索欲望。雖然他們在小時候很聽父母的話，但隨著年齡的增長，那份被壓制的欲望卻無法遏制地生長出來，讓他們渴望去觸碰那些不屬於自己的東西，甚至會據為己有。

那麼，如何有效地治療和預防偷竊癖呢？對此，有專家提出以下幾點建議：

◆採用厭惡療法（aversion therapy）

這種療法的原理是，當某個人出現偷竊癖的行為時，如果有滿意的刺激，就會強化其行為，並很容易再次出現偷竊行為；如果這種行為受到厭惡性的刺激，比如電擊等，則會抑制神經反射，並使其相關的行為反應逐漸消退。

這種療法曾成功矯正過偷竊癖：當患者接受心理治療時，身心科醫師讓其反覆觀看一段關於其本人進入店鋪行竊並被當場抓獲的影片。在患者觀看這段影片的過程中，只要出現其他人用厭惡的表情在看他被抓獲的畫面時，醫師就會電擊其腿部，以強化患者的厭惡體驗。治療一段時間後，患者每當在受到電擊和看到其他人厭惡的表情時，都會產生害怕自己再次偷竊和被抓獲的焦慮。連續治療三個月後，患者的偷竊欲望就逐漸消失了。

◆進行自我矯正

當患者出現偷竊的欲望時，不妨用力捏自己或是聞一種刺激、但對身體沒有危害的氣味，抑或是強迫自己去做讓自己厭煩的事情等。如果此時家人再給予患者積極的配合，即給他們一些厭惡的刺激，則更易矯正其盜竊的怪癖。不過，需要注意的是，在矯正的過程中一定要堅持到底，才能徹底矯正不良的癖好。

◆做好心理疏導

想要健康地生活，最好的方法就是預防產生偷竊癖。最為關鍵的一點就是，當我們有心理衝突時，尤其是內心承受能力比較差的人，一定要及時求助專業人士為自己做好心理疏導，並能夠及時地化解心理衝突，才能做到防微杜漸。

慮病症：我是不是患有重病

阿亮是出版社的編輯，今年已經四十多歲了，他在這一行已經做了十幾年了，由於長期伏案工作，讓他時常感到腰部很不舒服。每天只要坐的時間太久，就會感到腰酸背痛。後來，他到醫院檢查後得知，由於他長時間久坐，導致肌肉比較僵硬，因此患上了筋膜炎。可是，阿亮聽了醫師的診斷後並不相信，他總擔心自己的身體還有某些嚴重的病症醫師沒有查出來。

有一天，當他在辦公室編輯稿件時突然感到腰部有些痠痛，於是，他站起來想要活動一下。可在活動的過程中，他的膝蓋關節處發出了聲響。他頓時感到非常緊張，擔心自己的膝蓋可能出了什麼問題。於是，他立刻放下手中的工作，叫車去附近的醫院進行檢查。醫師為他細緻地檢查後告知，他的身體並無大礙。可是阿亮卻不相信，他擔心自己的關節可能存在某些病症，是醫院沒有檢查出來。

於是，他又輾轉到其他醫院去檢查，可是經過一番檢查之後，各個醫院診斷出的結果都是同樣的。阿亮仍然不相信檢查結果，他總擔心自己身體有重病。後來，他竟然辭去了工作，專門去臺大醫院檢查，但結果醫師都告訴他沒有什麼大礙。

雖然在此期間阿亮的家人經常安慰他，讓他放寬心，但依然難以打消他內心的疑慮和擔憂。阿亮如同中邪般，頻繁去各個醫院進行檢查。由於長時間地奔波在各個大醫院做檢查，導致阿亮的經濟負擔也日益加重。家人見此，從原來的安慰轉為抱怨，到最後都不願搭理他，這讓阿亮感到更加失落和痛苦，認為家人不懂得體諒和關心自己，每天都活在焦慮和擔心中。

在日常生活中，很多人可能都會感到身體有些不適，但只要在醫院檢查後沒有什麼大礙，就會放寬心；可是有些人卻像案例中的阿亮總是疑心自己有病，並且懷疑自己可能患有重病，任憑他人如何勸說都聽不進去，即使醫院的檢查結果證明他們沒有問題，但他們卻堅信是醫院沒有找到根源。

像阿亮這類人的怪癖行為就是患上了慮病症（hypochondriasis），這種病症又被稱為健康焦慮症（health anxiety disorder），是指患者總是擔心或是相信自己患有一種或是多種較為嚴重的軀體疾病的持久性想法。他們頻繁地去醫院就醫，即使多次檢查的結果都證實沒有相應的疾病，依然無法打消患者的顧慮，而且還會伴有焦慮或是憂鬱的狀況。由於患者總是反覆檢查，並奔波於各大醫院之間，最終會造成沉重的經濟負擔。

據一項調查顯示，這種慮病症是比較少見的，占精神官能症的百分之九。一般來說，男性發病年齡大多為四十歲，而女性則是五十歲左右。不過，據醫學統計發現，最近幾年，慮病症的發生有增加的情況，其發病的原因主要有以下幾個：

◆性格原因

研究發現，很多慮病症的患者在性格上往往過於內向、敏感、固執、過分關注自己等，這是發病的一般基礎。比如：案例中的阿亮就是一個相當敏感、固執的人，當醫院診斷他身體無大礙時，他卻固執地認為自己有病，並對自己的身體狀況顧慮重重。

◆環境因素的影響

如果生活環境發生改變、離異等情況的發生，也會誘發人們患上慮病症。

◆醫師的不恰當言行

有些慮病症患者在醫院就診時，由於醫師不恰當的言行，導致患者產生多疑的心理；或是醫師給出的診斷不確切，導致患者反覆進行檢查。

在醫院中，我們會看到一些慮病症患者雖然各項檢查都正常，但患者仍然疑心不減，不僅影響了正常的生活、工作，還讓心理和精神上備受折磨，整日處於焦慮、緊張不安的狀態中，嚴重者甚至會導致思覺失調症（schizophrenia）。不過，如果患有這種病症我們不要因此而驚慌失措，更不要灰心喪氣，對治療和未來的生活感到絕望，因為它並非絕症。對此，有專家為我們總結了以下幾種調節方法：

◆改善和克制自己的性格缺陷

因為大多數的慮病症患者普遍存在過分敏感、內向多疑等性格，所以在進行自我調理時可以嘗試改善和克制自己的疑病性格，從而有效地緩解慮病症所帶來的緊張情緒。如果自己無法克制，不妨求助專業的心理治療師，及時讓其幫助我們調整負面情緒。

◆設法轉移注意力

很多慮病症患者是因為對自己的身體健康過於關注，所以專家建議，患者在出現慮病症的苗頭時，要設法將自己的注意力從對身體狀況的關心上轉移到其他方面。比如：為自己制定幾個比較感興趣的計畫，讓自己的生活充實起來，而沒有精力去疑心自己的身體健康狀況。

◆家人的關心和鼓勵

有些慮病症患者往往極度缺乏安全感，總是認為自己身體狀況出現了問題，從而感到相當失落、焦慮、緊張不安。對此，專家建議，患者的家人應該多花時間來關心、鼓勵他們，並讓他們積極地參加一些有意義的活動，比如打球、垂釣等，以培養他們樂觀、自信的心境，從而幫助他們緩解疑病的症狀。

◆採用藥物治療

如果慮病症的情況比較嚴重，患者在醫師的建議下可以酌情使用抗憂鬱劑，以消除患者的焦慮、憂鬱等症狀。

強迫症：身體不受自己控制

強強是一個文質彬彬的少年，戴著一副眼鏡，長得白白淨淨，個頭也很高，是班裡的學習委員。他的性格比較內向，非常愛乾淨，做事認真，總是力求完美。表面看來，他是一個再正常不過的學生，但讓同學們不解的是，強強做什麼事都喜歡反覆做很多遍。比如洗手，他總是反覆洗多次，即使洗得手有些脫皮了，他還是反覆清洗；檢查同學的作業，也是檢查數十遍，即使作業已經準確無誤了，他依然會多次檢查。

在一次自習課上，數學老師讓強強檢查兩個同學的習題，而習題總共加起來也就不到十道題，結果一節自習課結束了，他還沒有檢查完。當老師詢問其原因時，他對老師說：「為了防止同學做錯，我把每道題都重新做了一遍，然後再細細地檢查好幾遍。」雖然老師對他的認真稱讚不已，但還是勸說道：「老師知道你做事認真負責，不過在檢查作業時不用反覆檢查，那樣太浪費時間了。」

不僅在課業上如此，在生活上也是如此。每當強強離開家或是宿舍，他總是要反覆檢查多次，看看自己有沒有東西遺漏或是有沒有忘記關閉電源。有一次外出，為了檢查自己有沒有遺忘某些東西，他竟然在家中反覆檢查了一兩個小時。其實，強強也知道自己那樣做是多此一舉，但他控制不了自己的行為，不管做什麼事都會反覆思考、反覆去做。

在日常生活中，可能很多人都曾有過這樣的經歷：在走出家門後總是擔心家中的煤氣、電源是否已經關閉？或是門有沒有鎖住？甚至還會回家檢查一遍。有些小孩子也會出現這種現象：在馬路上行走時，總是走幾步必須跳一下，再繼續前行。其實，這種現象與強強的行為都屬於強迫傾向的展現。一般來說，如果強迫症狀比較輕，而且持續的時間比較短，不會引起焦慮等情緒障礙，是一種正常的表現；反之，如果強迫的症狀比較嚴重，而且持續時間很長，並且引起嚴重的焦慮等情緒障礙，則會對人們的生活和身體造成很大的影響。

何謂強迫症？它是指一組以強迫症狀（包括強迫觀念、強迫行為）為主要臨床表現的精神官能症。其實，強迫症在臨床上是比較常見的。美國一項調查顯示，強迫症的患病率大概是百分之一。臨床實踐調查發現，在臺灣患有強迫症的人有四十到六十萬人。其實，有八成的強迫症患者是在二十五歲之前發病，而且男性比女性多。

一般來說，患有強迫症的人雖然明知道自己的行為不妥，但無法控制，因為他們如果控制自己不去做，就會有緊張、心慌等表現，所以，為了避免這種情況的發生，很多患者只好去想、去做，這種特點可稱為自我強迫和反強迫。另外，很多強迫症患者能夠意識到自己的這種強迫意識和衝動是來自自我，而不是源於外界。

在精神疾病的分類中，雖然強迫症屬於精神官能症的一種，是一種比較輕的精神疾病，但實際上它在治療上往往比憂鬱症、焦慮症更加困難，而且症狀的改善較慢，藥物的劑量也比較大。如果患病後不及時治療的話，會影響患者的生活和工作，而且會給個人和家庭帶來巨大的痛苦和負擔。

比如：有些強迫症患者每次洗手都會洗兩三個小時，即使手都洗脫皮了，他們還會反覆清洗；有些患者在外出時會反覆檢查有沒有遺漏東西或是有沒有關閉電源等，後來兩三個小時都出不了門，有些患者嚴重的話甚至整天不出門。

因此，患有強迫症的人是相當痛苦的，由於強迫症而無法正常生活和工作的也有很多。那麼，導致強迫症產生的原因有哪些呢？對此，有專家總結出以下幾點：

◆遺傳因素

醫學研究發現，強迫症有一定的遺傳傾向。一種遺傳特徵的紅血球（ABO）血型與強迫症會發生關聯。尤其是有較高的A型發生率和較低的O型發生率，更易患有強迫症。

◆身體某些部位的功能

醫學研究發現，一些患有癲癇、顳葉挫傷等的病人會出現強迫症的症狀。而在外科治療上顯示，如果將尾神經束、邊緣腦白質切除，則會對強迫症產生很大的改善作用。

◆心理和社會原因

如果強迫症患者性格比較謹小慎微、優柔寡斷，再加上工作環境變化大、家庭失和、意外事件發生等造成的心理緊張，就會引發強迫症狀。

因此，如果我們想要讓強迫症的病情有所改善的話，就必須學會調節自己的心情，適應外界和身體的變化，具體應該怎麼做呢？有專家為我們提出以下幾點建議：

◆學會順其自然，不要過分追求完美

強迫症的特點之一就是喜歡思索，即使是一件芝麻大的小事也會想出天大的事，所以在思考問題時不要鑽牛角尖，而是學會適應環境，順其自然。同時，不要過於追求完美，過分看重結果，而是學著享受過程，抱著一種欣賞、體驗的快樂心情來做任何事。

◆家人和朋友的支持和鼓勵

對於強迫症患者來說，親朋好友的支持和鼓勵能夠讓他們逐漸從強迫的深淵中解脫出來。所以，試著多鼓勵他們參加一些積極有益的活動，比如旅行、運動等。

◆求助專業人士進行治療

如果自我調節解決不了問題，就要及時地尋求專業人士的幫助。比如：找尋諮商心理師或是身心科醫師實施專業的治療，從而改善強迫症狀。

自殘癖：看到傷口才能平靜

阿偉是某公司的業務人員，他做這一行已經大半年了，最近，他感覺壓力非常大，因為每個月的業績排名他都是倒數。因此，主管總是在會議結束後將他叫到辦公室進行談話。

有一次，阿偉因為某項工作沒有做好，主管責備他時話語有些重，而且還當眾指責他，公司所有的員工都看著他，這讓阿偉既感到難堪，又相當鬱悶和緊張。在主管厲聲指責他時，他恨不得立刻找個地縫鑽進去。此時，他的工位上正好放著一把美工刀，他拿起美工刀在手中玩弄著，想要藉此轉移自己的注意力。

當阿偉拿著美工刀在手中玩弄時，一不小心劃破了手指，看著鮮血汩汩地冒出來時，他不但沒有感到疼痛，竟然有莫名的快感和滿足。於是，他又故意拿起美工刀朝手背上劃去。鋒利的美工刀劃在他的皮膚上，他絲毫沒有感覺到疼痛，看到傷口他反而感到很舒服，內心也會隨之平靜下來。

此後，只要在工作或是生活上遇到不順心的事情，阿偉都會用刀在手臂上或是大腿上劃上一道道傷口，看著那些傷口，他的心才能漸漸平靜下來。不僅如此，之後阿偉即使沒有遇到不順心的事，他也會習慣性地用刀劃自己，如同上癮似的，因為只有這樣做，他的內心才會感到平靜。

其實，案例中阿偉的這種情況就屬於自殘癖，即對自身的肢體和精神造成傷害。一般來說，對精神的傷害往往不易察覺，所以自殘通常是指對肢體造成傷害。而自殘最為極端的做法就是自殺。在日常生活中，自殘的行為是很常見的。很多人都有可能產生過自殘的想法，但大多數人都沒有採取實際的行動。

一般來說，自殘而造成的自我傷害主要分為三種：

- 第一種是固定的自我傷害，即週期性且固定重複地對自己進行傷害，比如用頭撞牆或是用其他物體打頭等。這常常是智能障礙者的行為，但也會發生在自閉症、精神病等患者的身上。
- 第二種是重大的自我傷害，即對身體的某個部位進行破壞或是去除，從而對身體造成永久性的損害，比如：有些自殘者會去醫院截肢等。不過，這種傷害的發生率不高。
- 第三種是表層的自我傷害，即不會對身體造成損毀，也不會對生命造成危險，只是偶爾會發生。不過，這種行為有時候會發展為上癮，甚至在人的大腦中會一直存在這種衝動，比如：扯頭髮、刺傷皮膚等。

那麼，人們為何會有自殘的行為呢？是如何引起的呢？對此，有專家為我們總結出以下幾點：

◆心理原因

有些自殘患者可能正在遭受急性或是慢性心理疾病的折磨，比如憂鬱症、強迫症、邊緣型人格障礙、衝動控制障礙等，這會讓他們比較消極、頹喪，從而衝動行事，繼而對身體造成傷害。

◆壓力轉移

當人們的緊張不安、焦慮等情緒得不到化解時，就會透過自殘來進行壓力轉移。這是一種不良的情緒發洩方式，可是很多人卻習慣用肉體的痛苦來減緩精神上的痛苦。比如案例中的阿偉，正是因為承受著巨大的壓力而進行自殘，以轉移壓力。

◆斬斷欲望

在日常生活中，一些人會對自己的要求過高，並產生很大的期望，從而會比其他人感受到更多的挫折。對於一些失去信心的事情，為了徹底斷絕自己的欲望，逃避挫折的打擊，就會透過自殘來斬斷欲望。

◆外界的壓力

有些人會因為外界的壓力而進行自殘，這種行為是脅迫性的，自殘者其實並不願意進行自殘。比如：遭遇惡勢力的強迫而進行自殘、以傷害肢體為賭注的賭博等。

◆手段和策略

有些人會為了獲得某些東西而進行自殘，這通常是一種手段和策略，比如敲詐、逃避懲罰等。

◆被誤導

有些青少年會受到不良風氣的誤導，他們並不知道自殘的危害，但為了追求「時尚」、「酷」而進行自殘，比如刺青。他們通常會在輕率地決定後才感到後悔。

◆自殺未遂

有些人本來是想要自殺，但最終因為自殺未遂而導致肢體受到很大的傷害。當然，後面這幾種情形已經超出了心理障礙的範疇。

其實，自殘不僅無法改變現狀，更無法改善我們的心情，而且還會加深身心的痛苦。

那麼，如何才能擺脫自殘怪癖呢？對此，有專家提出以下幾點建議：

◆懂得合理的宣洩

對於自殘者來說，他們經常會緊閉內心，不願與他人溝通、交流，這只會讓他們變本加厲地自殘。因此，專家建議，應該學會與人溝通，將內心的不滿和困惑向親朋好友傾訴，並懂得合理的宣洩，才能避免自殘心理和自殘行為的發生。

◆鍛鍊個性，充實內心

有些人的個性過於內向，遇到困難和挫折就會進行自責，這樣只會讓自己走進自殘的惡性循環中。對此，專家建議，應該鍛鍊自己的個性，學會坦然地接納自己，並學會與自己、他人和諧相處。同時，要充實自己的內心，多將精力和注意力放在積極、有意義的活動上，比如運動、旅行、聽音樂等，才會讓我們釋放負面的情緒，擺脫不良的心態。

◆求助專業人士進行心理治療和藥物治療

如果自殘的情況比較嚴重，則要及時地尋求專業人士的幫助，進行心理治療和藥物治療，找出症狀的根源，在醫師的指導下服藥，從而遏制自殘行為。

異食癖：什麼東西都能吃下去

案例一：桐桐是一個三歲的男孩，長得乖巧可愛，奇怪的是，最近桐桐的媽媽發現他竟然喜歡吃紙，只要身邊有紙張，他就會順手拿起來放在嘴裡，然後像吃零食似的津津有味地吃了起來。媽媽多次勸阻或是禁止桐桐吃紙，他都聽不進去。有時候，即使媽媽將家裡的紙都藏起來，桐桐還是會將一些書撕爛，然後將碎紙放進嘴巴中。

案例二：小鈺是一個七歲的小女孩，表面看來她是一個非常正常的孩子，長得活潑可愛。但讓人訝異的是，她非常喜歡吃頭髮，只要看到地上的頭髮、死皮等她就會撿起來吃。不管是自己的還是他人的，她都會如獲至寶般將其撿起來，吃到肚子裡。由於吃下去的頭髮不易消化，當家人將其帶到醫院檢查時，發現她的胃部和部分腸道處已形成了厚厚的頭髮結塊。

案例三：在印度有一名男子非常喜歡吃土、磚頭、碎石等物。其實，這種癖好在他十歲的時候就已經開始了，在第一次吃完泥土之後，他就變得一發不可收拾，每天至少要吃三公斤左右的土和碎石。

其實，以上這三個案例都是異食癖（pica）的表現。所謂的異食癖，也被稱為異食症、亂食症，是因為身體的代謝功能發生紊亂、味覺異常以及飲食管理不當等而引起的一種很複雜的症候群。患有異食症的人總是持續性地吃一些非營養的物質，比如泥土、紙片、頭髮、金屬、糞便等。

一般來說，這種病症多發生在一歲半到六歲的孩子身上，而且男孩發生的機率大於女孩。他們所吃的異物有可能會引起各種併發症，比如汙物會引起腸道寄生蟲病；食用頭髮、石頭等則會造成腸梗阻；如果大量吞食灰泥，則會導致鉛中毒。

這種事例經常會在新聞中看到：住在中國貴州安順市某鄉的三歲男孩因為患有異食癖，經常將木炭當作零食吃，每十分鐘就會吃掉八粒木炭；中國江蘇某醫院的消化科會診過一個十歲的小女孩，她從兩三歲就開始吃頭髮；美國一個五歲的小女孩因為異食癖總是喜歡吃地毯、衣服、鞋子等。

為何會有這麼多異食癖的新聞出現呢？異食癖形成的原因有哪些呢？對此，有專家總結出以下幾點原因：

◆貧血

心理學專家經過研究發現，因為人體內的紅血球的主要功能是攜帶氧氣，而貧血時血液中的含氧量會隨之減少，呈現出低血氧症，從而導致組織和器官功能減退，就會形成異食癖。

◆缺鋅

鋅是人體內非常重要的維持生理功能的微量元素，雖然它的含量比較少，但對生長發育有著非常重要的作用：參與味覺的形成；體內很多酶的代謝離不開鋅；細胞的分裂、生長以及再生也不能缺少鋅的參與。所以，如果體內缺少鋅，就會引起很多器官和組織的生理功能異常，從而導致味覺、嗅覺以及視覺功能減退、生長發育遲緩、異食癖等。

◆腸道寄生蟲

人體內的腸道處會有蛔蟲、鉤蟲等寄生蟲寄生，從而引起感染等症狀。比如：蛔蟲分泌的毒素會刺激腸管；鉤蟲則會引起貧血，也會造成異食癖現象的發生。

其實，異食癖的危險不僅在於其行為本身，而且在於將異物吃下去不僅會對身體造成損害，還會引發各種疾病，從而影響生長發育等。那麼，如何治療異食癖呢？對此，有專家為我們提供以下幾點建議：

◆父母的注意和關心

身為父母要多注意孩子的身心健康，為他們提供全面的營養，並讓其養成良好的飲食習慣，不挑食、不偏食。同時，父母要花時間與孩子玩耍、親暱，不要讓他們單獨地待在某個環境中，以滿足他們的情感和心理需求，避免他們朝著不正常的方向去尋求刺激和安慰。

◆矯正不良習慣

有心理學專家表示，異食癖是能夠進行有效治療的，關鍵是要矯正不良的習慣。如果身體中有寄生蟲，則要及時驅蟲；矯正貧血，進行補鐵補鋅；如果有不良的衛生習慣，則要及時糾正孩子，讓他們自幼養成良好的習慣。

◆及時尋求專業人士的幫助

如果異食癖的情況比較嚴重，則需要及時尋求專業人士的幫助，帶患者去看身心科醫師，並按照醫師的建議服用適量的藥物來改善情緒。

第2章

情感中的怪癖：他們都是瘋子和傻子嗎

斯德哥爾摩效應：被馴化的愛

一九七三年八月二十三日，在瑞典首都斯德哥爾摩市最大的一家銀行中，當銀行的工作人員正在忙碌地工作時，突然，有兩名武裝人員持槍闖入了銀行，意圖實施搶劫。附近的員警很快得知這一消息，並火速趕到了案發現場，沒過多久，警方就將這家銀行圍得水泄不通，以全力逮捕罪犯。

由於劫匪的搶劫計畫失敗，他們便挾持了銀行中的四名職員作為人質，與外面的警方展開對峙。起初，警方先讓專業的談判專家與劫匪進行談判，可是不管談判人員如何勸說，他們都不願投降，也不願將人質放出來。後來，在警方與劫匪僵持了一百三十個小時後，他們透過催淚瓦斯將劫匪逼了出來。最終，警方成功抓獲這兩名劫匪，並救出了四名人質。

後來，警方對這兩名劫匪進行調查發現，他們都是有前科的罪犯。於是，警方決定收集證據將其繩之以法。可是，意想不到的事情發生了，在這起事件發生後的幾個月，當警方進行調查時，那些被挾持的銀行工作人員竟然非常不配合警方的工作，而且拒絕在法庭上指控那些劫匪。不僅如此，這些被挾持的人員對那兩名劫匪非常憐憫和同情，聲稱不痛恨他們，並感謝他們對自己的照顧，甚至為劫匪籌措法庭辯護的資金。

更加讓警方感到震驚的是，在這些被挾持的人員中，有一個女職員竟然喜歡上了其中一個劫匪。在對方服刑期間，她堅持要與其訂婚。

這種奇怪的現象讓瑞典各界人士大惑不解：為何這些被挾持的人明明是受害者，他們的性命隨時受到威脅，可是他們不但不痛恨那些劫匪，反而對其心生憐憫之意，並且充滿感激呢？於是，警方找來心理學家分析和解釋這種怪異的現象。

心理學家經過研究分析，得出了這樣的結論：「人性能承受的恐懼有一條脆弱的底線。當人遇上了一個瘋狂的殺手，殺手不講理，隨時要取他的命，人質就會把生命權漸漸託付給這個暴徒。時間拖久了，人質每吃一口飯、每喝一口水、每一次呼吸，都會覺得是暴徒對他的寬容和慈悲。對於綁架自己的暴徒，他的恐懼會先轉化為對他的感激，然後變為一種崇拜，最後人質下意識地以為罪犯的安全就是自己的安全。」

這種現象被稱為「斯德哥爾摩症候群」（stockholm syndrome），又被稱為「人質情結」或「人質症候群」。它是指被害者對罪犯產生了情感，並且反過來幫助罪犯的一種情結。這種情感會讓被害者對罪犯產生好感、依賴，甚至會主動幫助對方。正是由於這種心理上的依賴，他們的生死被罪犯所操控，如果罪犯讓其活下來，他們就會心懷感激，並將自己的生死存亡與罪犯連繫在一起，而將營救他們的人當成了敵人。

科學家經過研究發現，這種情感的結合代表著一種普遍的心理反應，而斯德哥爾摩效應常會發生在集中營的囚犯、戰俘等受害者身上。那麼，需要符合哪些條件才有可能產生斯德哥爾摩效應呢？對此，有專家總結出以下幾個條件：

- 當受害者切實感到生命受到嚴重的威脅；
- 受害者的資訊來源被完全隔離和封鎖，無法獲得任何消息；
- 罪犯一定會給受害者一些小恩小惠，這是最為關鍵的條件，比如在受害者感到絕望的情況下提供水或是食物等；
- 讓受害者確認自己沒有任何方法可以逃脫。

在滿足這些條件後，受害者往往會為了活命而本能地屈服於罪犯，並對其產生強烈的認同感，以他們的喜好為自己的喜好，以他們的厭惡為自己的厭惡，從而產生了斯德哥爾摩效應。

在日常生活中，有很多處於戀愛中的女性會陷入情感斯德哥爾摩效應中，雖然她們明知道對方對自己不好，而且比較自私自利，卻始終無法離開對方，甚至還會想方設法與其結婚。其實，這些人就像是被綁架的人質一樣，從而產生情感斯德哥爾摩效應。

畢業後的小蕊在一家公司上班，幾個月後，公司一名男同事對她特別好，經常會買早餐給她，並且下班後將她送回家，這讓小蕊很感動。沒過多久，兩個人就順理成章地走到了一起。可是，當兩人相處半年後，小蕊卻得知，對方已經有家室了。這讓小蕊非常震驚，她竟然莫名其妙地「被小三」了。

可是此時的小蕊卻無法離開對方了，即使她已經知道事情的真相，知道對方是在玩弄自己的感情，而且那個男人與她的聯絡也越來越少，但小蕊卻像著了魔似的瘋狂地想著對方，無法放手，總是忍不住傳訊息、打電話給對方。

其實，小蕊就屬於典型的情感斯德哥爾摩症候群。在她踏入社會沒多久，男同事如同「罪犯」般控制了她的情感。而小蕊也將自己的全部交給對方，因為她認為男友對她很好，殊不知，這是男人追求女生的慣用技巧，可是小蕊卻因此而被感動，並從心底依賴對方。這是因為小蕊的情感完全被對方馴化了，一旦情感被馴化，她就難以離開那個馴化她的人。

心理學家經過研究發現，患有情感斯德哥爾摩症候群的人的情感和思想會完全被對方操控，不管對方如何對他們，他們都不願離開；他們會輕易被打動、很容易喜歡上一個人，不敢面對自己，更不懂如何獨處；他們的價值構建和自信完全依賴對方，自我意識逐漸被弱化，即使忍受痛苦和折磨，也不願主動結束這段關係。

另外，在斯德哥爾摩症候群的構成要素中，在愛情上有這樣的條件：

- 他們總是認為自己會失去愛情、被拋棄；
- 朋友少之又少，拒絕或是沒有新的愛情機會；
- 對方會給予一些小恩小惠，比如買些小禮物、偶爾的關心等；
- 對方就是自己的全部，沒有了對方就沒有了愛情和生活的意義。

對此，心理學家建議，對於處在情感斯德哥爾摩症候群中的人來說，最好的辦法就是強大自己的內心，讓自己不再孤獨，才能有更好的生存狀態。另外，也可以尋求專業的身心科醫師進行心理治療，培養積極的心態，才能逐漸走出斯德哥爾摩症候群的惡性循環。

戀醜癖：「鮮花」為何要嫁「牛糞」

阿威與小華都是學生會的風雲人物，阿威是學生會主席，不僅人長得陽光、帥氣，而且身材修長，喜歡打籃球，每次他在籃球場上出現時，總是會引來很多女生在此圍觀，他是大多數女生心目中的「男神」；而小華也是學生會的，雖然人長得其貌不揚，個頭也不高，但是很有才氣，他的文章經常發表在學校的報刊上，而且還曾獲得過詩歌寫作的獎項。

最近，他們兩個人同時喜歡上文學院的一個名叫菲菲的女生。這個女生長相甜美，而且功課也很好。當大家得知這一消息，都認為阿威與菲菲更般配，郎才女貌，是再好不過的一對了；而小華雖然有才，卻遜於相貌和身高。換作誰，似乎都會選阿威。

不承想，大半年過去了，與菲菲成雙成對出入的卻是小華，而且沒過多久，兩個人就公開了戀情。這讓大家都傻眼了：這麼一朵嬌滴滴的鮮花竟然插在了「牛糞」上。

原來，帥氣的阿威雖然在心裡喜歡菲菲，但總以為像菲菲這樣的漂亮女孩有很多人去追，所以他並沒有主動追求對方，而是退而求其次，與文學院另一個相貌普通的女孩走到了一起。而小華在追求菲菲時雖然也曾打退堂鼓，但他卻安慰自己，即使最終他們沒有在一起，也沒有關係，最起碼要放手一搏。所以在追求菲菲時他相當努力，對菲菲展開猛烈攻勢，在追了大半年後，最終抱得美人歸。

在日常生活中，我們常常會看到「鮮花插在牛糞上」的現象：漂亮的女孩身邊總是有著其貌不揚的男生，而且能力尋常；而那些長相普通的女孩身邊卻總是有陽光帥氣的男生與其相伴。讓人不禁發出這樣的感慨：如今的戀人都是「美女配青蛙、恐龍配帥哥」的標準嗎？每當看到這種情況，都會讓人感到非常不協調。

在電影《美麗境界》（*A Beautiful Mind*）中有這樣一個片段：

在一個酒吧中，幾個男生正在那裡邊喝酒邊注視著身邊走過的女生。正當他們閒聊時，發現有四個長相普通的女生與一個長相標緻且衣著性感的美女走了進來，他們的目光頓時被這些女生所吸引，都在談論著如何才能與她們喝一杯或是聊幾句。

於是，主角奈許就向他們支招如何才能討好那些女生。他認為，如果幾個男生都對那個長相標緻且性感的美女發起攻勢的話，這並不是最好的策略。因為當幾個男生都在追求同一個女生時會互相牽制，到最後很有可能是「竹籃打水一場空」，每個人都不能如願以償。同時，幾個男生在被那個美女拒絕後再去找其他四個長相普通的女生攀談，結果她們很有可能因為成為他人的「退而求其次」而不開心，所以她們也會不願搭理那些男生。

因此，奈許提議，為了能夠增加勝算，幾個男生不要去找那個標緻的美女攀談，而是直接去找其他四個長相普通的女生。

為何會出現這種現象呢？其實，這種現象可以用ABCD男女理論進行解釋。一般來說，我們會把男女按照世俗的優秀標準劃分為ABCD四等。從資源分配最佳化的角度來看，肯定是A男與A女在一起、B男與B女在一起、C男與C女在一起，D男與D女在一起，這樣才能達到強強聯合。

可是，我們需要考慮的是，有些男生有很強的控制欲或是大男子主義比較嚴重，抑或是缺乏自信心，所以，導致他們會選擇較低一級的異性。在現實社會中，典型的配對就是：A男與B女在一起、B男與C女在一起、C男與D女在一起，此時，最不可思議的現象就出現了：A女（「鮮花」）與D男（「牛糞」）配上了！

這種現象的出現引發了兩個最有可能的平衡：在某種特定的情況下，如果A女追求D男的話，必然會成功；而D男如果追求A女的話，雖然成功的機率非常小，但只要D男堅持不懈，相當努力地去追求，其成功的機率就會發生逆轉。因為對於D男而言，他反正也沒有人要，他追求A女的機會成本也接近無窮小，一旦成功的話，邊際收益則是無窮大。所以，D男可以長時間地運用各種方法來追求A女。

可是這種情況卻不會發生在A男身上，因為這樣的機會成本他是難以接受的。而A女則在沒有更好選擇的情況下，並且隨著年齡的逐漸增加等壓力和「只要對自己好」的理念指導下，最終就有可能選擇D男。

不過，這種分析卻沒有考慮一種極個別的情況，就是有「花心男」的存在。如果將「花心男」定為A^+男，他有眾多的女性追求者，可是他雖然符合優秀男的諸多標準，卻沒有意向與任何一個女生長久地在一起。因此，這種有經驗而又比較了解女生的「花心男」在情場上則更加遊刃有餘。

這類男人的典型做法是：起初，他們會裝出「情聖」的樣子，而讓其他女生主動送上門，以為對方就是自己的理想對象，並表現自己的愛慕之意。可是他們最終卻會表露出自己不確定和不可靠的一面，讓那些女生接受這樣的結果並傷心離開。由於女生的情感相對脆弱，當她們被拋棄後，就會去選擇那些無人問津的D男，於是，「鮮花插牛糞」的現象就產生了。

一般來說，作為「鮮花」的美女是不會追求他人的，所以，「鮮花」往往失去獲得相對優質的A男、B男或C男的追求機會，而極有可能獲得來自A^+男和D男的追求機會，從而限制了「鮮花」的選擇範圍，導致其產生兩極化的心理——開心接受A^+男的追求，從而產生「我身邊就應該有這種優質男陪伴」的心理；但結果被A+男拋棄，繼而產生「男人沒有一個好東西」的心理。最終，「鮮花」就會傷心地將自己插在「牛糞」上。

所以，有心理學家表示，只有「鮮花」明白其中的道理，從自身的實際出發，盡可能掌握對方更多的資訊，才能進行自我破解，否則很難走出「鮮花插牛糞」的困境。不過，換個角度來看，有時候「鮮花」嫁給「牛糞」未必是最差的策略，畢竟「牛糞」比較靠得住，總比那些「花心男」好多了。

吊橋理論：危險環境可以催生愛情

一九七四年，著名的心理學家亞瑟．阿倫（Arthur Aron）做了這樣一個實驗：他邀請一位漂亮的女生作為助手，並與她一起來到了溫哥華的卡皮拉諾吊橋上。這座吊橋長一百三十七公尺，寬一點五公尺，與地面相距七十公尺，僅僅憑藉兩條粗麻繩懸掛在卡皮拉諾河河谷上空。然後心理學家要求漂亮的助手站在搖搖晃晃的吊橋中間，讓她裝扮成一名調查員，在搖擺的吊橋上尋找一些沒有女性陪同的男士參加實驗。

首先，那位漂亮的助手會給那些同意參加實驗的單身男性一份比較簡短的調查問卷，並向他們講述此項實驗的目的就是了解一下他們對問卷上問題的看法。但實際上，這是心理學家所釋放的煙幕彈，為了避免有人猜到這個實驗的真實目的。

其次，女助手與那些參加調查的男士進行不同方式的聊天，讓他們為一張照片編出一個故事。最後，每個參加實驗的男士都獲得了那位漂亮助手的電話號碼。

做完這個實驗後，他們又在另一座橫跨一條小溪且比較堅固而低矮的石橋上進行實驗。心理學家想知道，在不同的環境下，男士們會編出怎樣的故事呢？誰又會在實驗結束後打電話給漂亮的女助手呢？

實驗結果顯示：在卡皮拉諾吊橋上，參與實驗的男性大概有一半的人在調查結束後會打電話給女助手，而在那座堅固而低矮的小石橋上做完實驗後，十六位參加實驗的男性僅有兩位打給了助手。另外，在吊橋上的男性所編的故事往往比石橋上的更富有愛情的色彩。

為何會產生這樣的現象呢？亞瑟．阿倫透過分析指出，在卡皮拉諾吊橋上的男士之所以會打電話給女助手，是因為在經過左右搖擺的懸空吊橋時產生了緊張、焦慮、害怕等情緒，這種情緒與我們在戀愛時的感覺是一模一樣的，而那些參加實驗的男士將這兩種不同的心跳加速混為一談。所以，在危險刺激的環境下，愛情的火花更易被點燃。

這種觀點就被稱為戀愛的吊橋理論，是指當一個人心驚膽戰地走過吊橋時會心跳加快，而在此時恰好遇到一位異性，那麼他就會誤以為自己對這個異性產生心動，從而對其產生情感。這是因為情緒受到了行為的影響，身處於危險的境地中，人們會不由自主地心跳加快，卻誤以為這種心跳加快是對方讓自己心動而產生的生理反應，所以會對對方迸發出愛情的火花。

亞瑟．阿倫還指出，愛情的實質就是心理機制與生理機制共同作用的結果。當我們面對心儀的對象時往往會出現呼吸急促、心跳加速、供血緊張等情況，這是內心緊張而產生的正常生理反應。久而久之，出現這種生理反應我們就會以為這是「愛情」的來臨，把心跳當成了心動。

當時，亞瑟．阿倫的這個理論對美國人的戀愛手段產生了巨大的影響，很多情侶都去卡皮拉諾吊橋追求心動的感覺。而那些不願出遠門的情侶則會選擇坐雲霄飛車，似乎也會產生相同的效果。不僅如此，有些情侶還會選擇去看恐怖片，而精明的好萊塢片商便會在情人節推出恐怖片來滿足他們的需求。所以，在當時「情人節看恐怖片」一度成為美國年輕情侶的一種時尚。

在錢鍾書的小說《圍城》中有這樣一個情節：

主人公方鴻漸與幾個人經過一座不斷搖晃且沒有扶手的橋，當時的他嚇得要命，每走一步都相當小心。這時與他同行的孫柔嘉見此，溫柔地對他說：「方先生怕嗎？我倒不在乎。要不要我走在前面？你跟著我走，免得你望出去空蕩蕩的，愈覺得這橋走不完，膽子愈小。」聽到對方這樣一席話，方鴻漸頓時對她產生了好感，覺得「汗毛孔的折疊裡都給她溫存到」。

吊橋理論不僅在小說中有所展現，在電影中這種橋段也經常被使用：

在電影《捍衛戰警》中，退休警官佩恩因為不滿政府的退休政策而產生報復的心理，他將巡邏員警殺死後，在電梯中放置了炸彈，並綁架了十幾個人作為人質，以此索要一百萬贖金。特警傑克機智而勇敢地將炸彈排除了，並在千鈞一髮之際將人質都救了出來。

可是，狡猾的佩恩卻趁機逃脫了。雖然特警傑克因為這次行動而受到警方的嘉獎，但佩恩接著展開了他的報復計畫。他在一輛巴士上安裝了定時炸彈，並打電話告訴特警傑克這件事。另外，他還告訴傑克，一旦車子的時速超過八十公里，就不能再減速，否則就會引發爆炸。

傑克得知這個情況，想盡辦法上了這輛車，可是此時，巴士的時速已經超過了八十公里。在混亂中，巴士司機受了傷，導致他無法開車，而乘客安妮勇敢地充當了駕駛員。他們一路上歷經塞車、無路等驚險的狀況，最終都沒有將車減速，而且將這輛車轉移到了一條還沒有啟用的公路上。

此時，巴士上的炸彈離爆炸時間越來越近，傑克想要冒險將炸彈拆除，雖然沒有成功，卻意外地發現車上的監控設備。於是他讓新聞車將信號截斷，並不斷重播一些假圖像，以此爭取更多的時間來轉移車上的乘客。後來，傑克透過一輛並行的巴士，將車上所有的乘客都安全轉移了。不過，佩恩很快就識破了傑克用假圖像的手段，並將炸彈引爆了。但幸運的是，傑克與所有乘客已經安全脫身。

後來，佩恩在警察的重重包圍下取走了贖金，還綁架了安妮。當傑克去追佩恩時，發現安妮在他手上，但她的全身被綁滿了炸藥。佩恩逃進了地鐵，將地鐵司機殺死。在地鐵上方，傑克與佩恩進行一番生死打鬥，最終將佩恩打敗。傑克終於將安妮救出來了，但捷運卻失去了控制。傑克急中生智將地鐵駛出了軌道，最終它因為衝出地面而停下來。

當傑克與安妮經歷了種種危機和磨難而逃脫死神的魔掌時，他們二人由陌生變得心心相印，最後，兩個人忘情地擁吻在一起。

不可否認，傑克與安妮正是因為身處於吊橋般的險境而「誤擦」出愛的火花。如果我們傾心某個異性，不妨也約對方去看看恐怖電影或是去吊橋之類的地方，製造一場由「誤擦」而產生的愛情吧！

戀母癖：伊底帕斯情結式的愛情

明憲宗朱見深與萬貴妃的戀情最讓人津津樂道的便是他們的年齡差了，萬貴妃足足比明憲宗大了十七歲，而按照當時明朝的情況，萬貴妃的年齡都可以做明憲宗的母親了。可是，兩個人雖然相差近二十歲，明憲宗卻對這位萬貴妃相當著迷。

萬貴妃的名字叫萬貞兒，家境貧寒，在她四歲時就被送到宮中當宮女。在她十九歲的時候，明英宗被瓦剌俘獲了，所以明代宗就做了皇帝。但此時明英宗年僅兩歲的兒子——皇太子朱見深的處境卻非常艱難，因為叔叔當了皇上，自然想立自己的兒子為太子，所以將朱見深視為眼中釘。太后非常擔心孫子的生活起居，便讓宮女萬貞兒來照顧太子。孤苦無依的朱見深將萬貞兒當成自己的依靠，凡事都不離開她。

後來，明英宗重登皇位。明英宗去世後，年僅十六歲的皇太子朱見深當上了皇帝，成為憲宗。當上皇帝後，他首先要做的事就是封心愛的萬貞兒為皇后。可是，這一提議遭到眾多大臣的反對，因為萬貞兒身分卑微，而且年紀也比較大，此時的她已經將近三十五歲了。所以，明憲宗只好將她封為貴妃。雖然萬貞兒芳華不再，但明憲宗對她的感情卻絲毫不減，兩人仍然像以前那樣如膠似漆、形影不離。

雖然在後宮中有皇后，但大家都知道真正的主人其實就是萬貞兒。由於明憲宗非常寵愛萬貞兒，所以她飛揚跋扈，連皇后也不放在眼裡。這讓皇后很生氣，便對萬貴妃用刑以懲罰她。當憲宗知道這個消息後，竟然不顧太后和群臣的反對，直接將皇后廢掉了。

兩年後，萬貴妃終於生下皇長子，這讓明憲宗相當開心，立刻封萬貞兒為皇貴妃，並聲稱要立這個孩子為太子。不承想，這個孩子卻在幾個月後夭折了。而後可能是由於年紀偏大，不管皇帝如何寵幸她，她都沒有再誕下皇子。這讓萬貴妃的心理變得越來越畸形和變態，因為自己生不了孩子，她也見不得其他妃子生孩子。於是，她在後宮中進行大肆的迫害和殘殺，導致很多有孕的妃子都慘死在她的手中。（編按：此為《明史》記載，對於萬貴妃的性格學術界有不同看法）

儘管這樣，如此狠毒的萬貴妃卻依然受到明憲宗的寵愛，而且直到死她都是明憲宗最寵愛的女人。在萬貴妃五十六歲去世時，明憲宗相當悲痛，痛哭道：「萬妃長去，吾亦安能久矣！」果然，沒過多久，年僅三十九歲的明憲宗就去世了。

為何明憲宗不喜歡後宮中那些年輕貌美的妃子，而偏偏迷戀心狠手辣而又年老色衰的萬貴妃呢？這是因為明憲宗有很深的戀母情結（oedipus complex）。戀母情結又被稱為伊底帕斯情結。通俗來說，就是指人的一種心理傾向，喜歡與母親在一起的感覺。戀母情結並不是愛情，大多是產生於對母親的一種欣賞和敬仰。這是一種普遍的社會現象，男人、女人都可能有戀母情結。大多數人都會在某個年齡層或多或少存在戀母情結，尤其是在兒童時期，幾乎所有人都有戀母情結。

而明憲宗朱見深之所以會有如此強烈的戀母情結，會如此沉迷於萬貴妃，是因為在他年幼時歷經坎坷，在最需要保護和陪伴時，是萬貞兒一直在他身邊鼓勵他、保護他：尚在襁褓之中，父親就被瓦剌軍俘虜；從皇太子的位置上被廢黜為沂王；父母被囚禁，一直不在自己身邊……這使他在很長一段時間中都過著膽戰心驚、暗淡無光的生活。此時，萬貞兒一直陪伴著他，從而讓他對萬貞兒的依戀深深地扎根在心底。

戀母情結這個名詞來源於希臘神話王子伊底帕斯的故事，他在不知情的情況下殺死了自己的父親，並娶了母親。這個現象最早是佛洛伊德在精神官能症患者的身上發現的，患者往往會對父親或是母親有著強烈的妒忌心理，從而會表現出很強的破壞力，並對人格的形成和人際關係產生永久性的困擾和影響。佛洛伊德因為經常在精神官能症患者的身上觀察到這種現象，所以，他假定這個現象是一種普遍的現象。

有心理學家指出，戀母情結的本質是相似和互補的。比如：男孩與父親是同一性別，所以是相似的，由於相似會引起認同，導致男孩會以父親為榜樣，並向他學習，吸收其心理特點和品格，從而成為自己心理特徵的一部分；而男孩與母親是不同性別，兩者可以互補，取長補短，即為戀愛對象。因此，男孩與父母就形成了最基本的人際關係，這種關係可以用「戀母仿父」來概括。父親愛母親，男孩就會模仿父親，也越來越愛母親；母親愛父親，男孩則為獲得母親的歡心，就會讓自己變得越來越像父親。

可以說，各種人際關係都是戀母情結的變形。因此，有心理學家將戀母情結及其變化進行了編碼和劃分：當人在三到六歲時所出現的戀母情結為第一戀母情結；進入青春期後則出現第二戀母情結，此時的對象不再是父母，而是其他長者，比如父母的朋友、老師、名人等，相似的表現則會是認同、模仿、崇拜對方，互補的表現則是會愛上比自己年紀大很多的異性；隨著年齡的增長，戀母情結的對象逐漸年輕化，開始與同齡人形成友誼和相愛，從而有了真正意義的友情和愛情，即為第三戀母情結。

在現實生活中，很多人都否認自己有戀母情結，這是因為他們沒有發現自己的戀母情結。按照佛洛伊德的說法，這是由於壓抑的結果，沒有發現不能作為不存在的依據。一般來說，戀母情結會對人產生很大的影響。

◆缺乏自主意識

如果男性有戀母情結，他們往往會沒有主見，而且缺乏進取精神，因為他們非常害怕失去母親的愛，所以總是在一旁觀察母親的臉色，而抑制自己的想法，總是為了討好母親而生活。在進入社會後，這類人往往比較懦弱，缺乏自主意識，所以在事業上很難獨當一面。

◆夫妻關係不融洽

如果男性有戀母情結，他們與妻子的關係往往不融洽，因為當他們聽到妻子說他們母親的壞話時就會無法忍受，甚至會產生一種罪惡感。因此，他們會與妻子發生爭執，從而導致兩人的關係出現裂痕，最後有可能以離婚而告終。

◆習慣性獲得

如果男性有戀母情結，他們往往習慣於獲得，而不懂得主動幫助他人。比如：一個年輕人的母親生病住院，當他去探望母親時不僅沒有替母親買營養品，反而將他人為母親買的東西都吃完了，然後躺在母親旁邊的病床上呼呼大睡。在這類人的心裡，他們認為接受母親的愛就是愛自己的母親。

因此，心理學家建議，如果男性在成年後有戀母情結，首先，應該改變對母親的態度，即不要將母親當成自己撒嬌的對象，而是將其作為被照顧的對象；其次，學會體貼和關心母親，不要一味向母親訴苦，而是多聽母親傾訴，多關心母親的生活起居。這樣才能更快地成長，克服戀母情結。

異性恐懼症：需要治療的幸福

晨晨是一個國中生，性格比較內向，平日裡不喜歡與同學一起玩耍，雖然成績並不是很優秀，但她非常喜歡看書，沒有課時就喜歡待在圖書館閱讀。可是最近，班導師發現晨晨經常曠課，起初，班導師以為她可能是太喜歡看書了，所以才沒來上課。但後來發現，她最近都沒有在圖書館中出現，而且每次都以身體不舒服為由請假，這讓班導師開始起疑，因為晨晨看起來並無大礙，而且請假條上家長的簽名也能看出來是偽造的。於是，班導師與晨晨的父母取得了聯繫。

晨晨的媽媽在整理女兒的房間時發現她的一本日記，日記中記載著她最近一段時間的心理感受：「我的同桌是一名男生，長得陽光帥氣，我很想主動與他說話，可是不知道為什麼，每次想要與他說話時我都非常緊張，而且還會臉紅、出汗，有時候手腳還有些顫抖，不知道手該放在哪裡，眼睛該往哪裡看，甚至緊張得說不出話。當他主動與我說話時，我內心其實是很開心的，很想與他聊天，可我總是隱藏自己的緊張而拒絕與他說話。所以，我內心相當矛盾，不知道該如何面對他，只好以身體不舒服為藉口來逃避上課，逃避見到他。」

看到女兒的日記，媽媽才知她的內心如此備受煎熬，便立刻與女兒的班導師進行了溝通。班導師得知這個情況，建議晨晨的媽媽帶著女兒去心理師那裡諮商一下。當晨晨在心理師的勸導下，慢慢講出自己的內心想法時，醫師診斷出她的情況屬於異性恐懼症。

何謂異性恐懼症？它是指患者一方面在潛意識中希望與異性接近，另一方面卻因此產生嚴重的焦慮情緒，所以常常會在異性面前表現出異常的緊張、恐懼等症狀，有些甚至還會產生異性關係妄想等心理症狀。在日常生活中，尤其是處於青春期的孩子，很多都會像晨晨這樣：不敢與異性有目光接觸，也不敢與異性溝通、交流，如果與異性交談的話，就會臉漲得通紅，說話都說不清楚，而看到異性朝自己走過來時，則會感到非常緊張，而且還會流汗。因此，他們往往會為了逃避這種情況而不願上學。

心理學家透過研究發現，異性恐懼症多發生在十四到十七歲這個年齡層，尤其多發生於女孩的身上。因為這個年齡層往往是她們升學最為緊張的時期，所以她們害怕關於性的妄想，害怕這種妄想會影響自己的課業，於是會極度壓抑並抵制自己成熟的性本能，這些都會使她們背負沉重的精神負擔。理性與本能的矛盾、性妄想與性禁忌的衝突，導致心理漩渦反覆出現，從而消耗著她們的心理能量，一旦超過心理承受限度，最終會激發她們對異性的恐懼症。

一般來說，異性恐懼症的表現有：與異性往來時會非常緊張，當異性主動與患者交流時，他們會因為掩飾自己的緊張而拒絕往來；只要與異性交流，他們就不知道把手放在哪裡、眼睛看向哪裡、非常在乎自己的形象；與異性相處時，他們總是會產生一些古怪的想法：對方喜歡自己或討厭自己等；與異性相處時，他們害怕對方會對自己做出什麼事情，極度沒有安全感。

為何會出現這種現象呢？心理學家分析，這主要是因為自我強迫症，當異性恐懼症患者看到異性時，會強迫自己不去看對方，從而引起內心的衝突或是因為強迫而產生一些古怪的想法。當他們拚命想要控制時，卻發現很難控制。

在童年和少年時期，異性恐懼症往往會被看成是害羞、老實，有些孩子會因為思維方式的成熟和社會經歷的增加而擺脫那份害羞，所以不會出現這種症狀；而有些孩子卻因此越來越敏感、自卑，最終發展為異性恐懼症。心理學家表示，這種現象是一種心理倒錯，對於患者來說，他們恐懼的並不是外在的性對象，而是個人內心的性妄想。一般來說，這種倒錯先是會從視線中表露出來，不敢與異性目光接觸。而對於青春期的女孩來說，她們對男生的誤解是想像的事實，而不是真正的事實，這是她們的妄想帶來的感覺倒錯。

正常情況下，異性之間是一種相互吸引的人際關係，是一種正常的交流和溝通。那麼，如果出現這種問題和症狀，應該如何克服和治療呢？對此，有心理學家提出以下幾點建議：

◆多與異性接觸

如果與異性接觸的機會比較少，就會越缺少接觸的經驗；越缺少這種經驗，就越會感到不知所措；越不知所措，越感到恐怖。如果是因為接觸的機會太少，則要增加與異性接觸的機會，從而避免形成惡性循環。比如：案例中的晨晨由於父母管教比較嚴，平時幾乎不與異性接觸，所以，久而久之就出現了這種現象。

◆妥善處理與異性交流時所遭遇的心理挫折

有些人在與異性交往時可能遭遇過被嘲笑、被冷落等挫折，這導致他們產生心理上的反感，從而害怕與異性往來。如果是這種情況，應該讓他們明白，不能以偏概全，不能因為遭到一些人的嘲諷，就認為所有人都在議論自己，更不要否定自己與異性社交的能力。

◆正確的引導和啟發

對於處在青春期中的少男少女來說，對異性萌生興趣是一種很正常的現象，而且也會因此對性有所關注和探索。可是許多家庭都採用比較封閉的管理方式，導致他們很少得到正確的指導和啟發，從而產生不少困惑。有些人會因為年齡的增長和知識的累積而解除這種困惑，但有些人卻無法走出這種困惑，並長久地保持下來，從而形成了性心理症。

對此，專家建議，應該給予青春期的少男少女們正確的引導和啟發，多與孩子進行情感的交流和溝通，引導他們與異性正常交流，而不要談「性」色變。另外，如果孩子的異性恐懼症比較嚴重，則可以在醫師的建議下服用相應的藥物進行治療。

肢體接觸恐懼症：只能深情地望著你

在中國電視劇《歡樂頌》中，最令女性羨慕的人物就要數安迪了，在商場上，她是如此精明能幹，能力超群，做事雷厲風行，再大的問題在她手上總是被一一化解。可是，唯一讓觀眾不解的是，安迪在生活中很害怕與人發生肢體接觸。

當安迪替好友曲筱綃解決了工作上的難題時，曲筱綃心存感激，性格奔放的小曲想要給安迪一個大大的擁抱。可是，當小曲穿著高跟鞋飛奔過去擁抱安迪時，安迪卻本能地躲開了，導致曲筱綃一個趔趄摔倒在地。當男友魏渭想要從後面摟住她的肩膀時，卻被她直接掀翻在地上。不僅如此，她從來不會與任何人握手。只要與他人接觸，她就會感到渾身不自在，即使是男女朋友之間正常的擁抱和接吻，也讓她害怕不已。

安迪為何會出現這種情況呢？這與她的童年經歷有關。安迪的童年相當不幸，母親患有遺傳性精神病，後來因病去世了，而父親與外公卻相繼遠走他鄉，她和弟弟則被送到了福利院中，這讓安迪從小就失去了家人的關心和照顧。後來，有一對美國的夫婦收養了安迪，並帶她去了美國。可是沒有人教她如何與人正常地交往，在同學們的眼中，她就是一個怪人。所以安迪與人交往時總是保持距離，特別是肢體距離。雖然她非常熱心地幫助朋友並為他們解決困難，卻不敢承受他們的一個擁抱。

安迪嚴重缺乏安全感，導致她在肢體上對其他人有著本能的排斥。在心理學上，這種現象被稱為肢體接觸恐懼症。何謂肢體接觸恐懼症？是指在日常生活中害怕與其他人接觸，在接觸時會讓自己感到很不舒服的一種症狀。

心理學家經過研究發現，肢體接觸恐懼症發生的原因主要分為先天性和後天性，先天性是因為遺傳因素導致的，而後天性則是因為受到強大的精神刺激。但有些原因患者自己可能都不知道，可能是在童年時遭遇過性侵犯或是看到他人遭遇過性侵犯，但由於年齡比較小，所以往往記不清楚了。像案例中的安迪就是這樣，她曾對男友說「在五歲以前的事，我都不記得了」。由於童年的經歷讓她缺乏安全感，所以在肢體接觸上，她會本能地排斥。

另外，性格原因也會導致這種病症的產生。有些人的性格比較謹慎、認真、細心、過分關注細節，總是追求十全十美，而且做事過於刻板等，就會出現一定程度的強迫人格，進而誘發肢體接觸恐懼。

那麼，如何克服對親密關係的恐懼，治療肢體接觸恐懼症呢？對此，有專家提出以下幾點建議：

◆先循序漸進地建立親密關係

對於肢體接觸恐懼症患者來說，如果他們很難做到擁抱和親吻等親密接觸，不妨從觸碰開始做起，比如握握手、拍拍肩膀等，使其漸漸地熟悉這種親密關係。起初，安迪雖然對男友魏渭相當牴觸，可是在男友的引導下，她從一開始的拒絕到後來的敞開心扉。雖然魏渭沒有成功，但劇中另一人物小包總包奕凡卻用各種方式和巧合，最終讓安迪克服了肢體接觸恐懼症。

◆有意識地讓自己的心態變得平和一些

對於肢體接觸恐懼症的患者來說，他們會因為各種經歷而影響自己的心態，所以，專家建議可以有意識地讓自己的心態變得平和一些。比如在家中養一些小寵物，享受那份親密；親手做一些手工藝術品送給他人等。

◆及時做心理諮商

如果肢體接觸恐懼症嚴重影響了我們的生活，並讓我們感到痛苦不堪，自己無法調整過來，就要及時地做心理諮商，讓諮商師透過專業的方法來幫助我們擺脫痛苦。

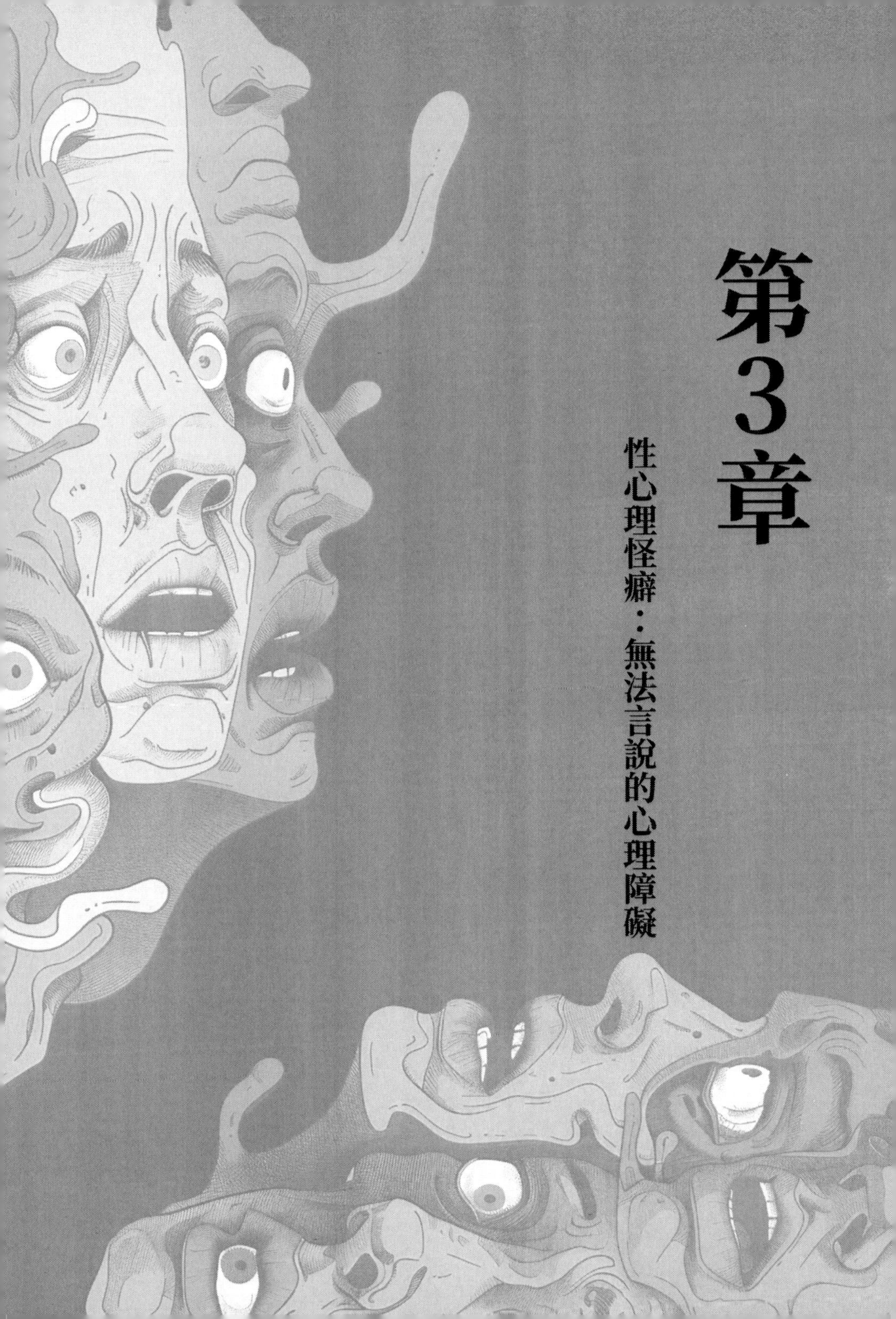

第3章

性心理怪癖：無法言說的心理障礙

戀物癖：對某些物體有特殊的情結

在小傑小時候，爸爸因為交通事故去世了，所以他與媽媽、姐姐相依為命。而因為經歷了這場變故，小傑變得有些沉默寡言，平時與家人交流不多，與外面的人接觸也很少。另外，由於媽媽對他比較嚴厲，導致小傑變得越來越內向。

在小傑十幾歲的時候，有一天姐姐帶著幾個朋友在家中聚會，當她們在房間換衣服時，小傑正好從門口經過，透過門縫他看到了幾個女生的內衣。當時，他的內心有一種說不出來的異樣感，所以他禁不住趴在門口一直盯著她們換衣服。

在這之後，小傑總是喜歡偷偷地跑到姐姐的房間，把她的內衣拿在手中玩，每次在玩內衣時，他都能獲得一種滿足感。起初，他並沒有感到有什麼不對勁。可是後來，他的這種狀況越來越嚴重，他開始偷各種女性內衣。有一次，他去同學家中做客時，發現陽臺上晾有女性內衣，竟然將其偷回家。不僅如此，在就讀住宿學校後，他經常會溜到女宿晒衣服的地方，偷拿各種內衣。

在一次偷拿女生內衣的時候，正好被一個女生撞見，這讓小傑尷尬不已，恨不得立刻消失。此後，大家都知道原來小傑就是那個偷內衣的人，再見到他時都對其指指點點，這讓小傑變得更加沉默寡言。由於承受不住同學對他的議論，小傑最後只好主動退學。

此時，家人才知道他問題的嚴重性，並立即帶他去看身心科。當醫師了解情況後告訴小傑的家人，他的這種情況屬於戀物癖，是對異性肉體的原始慾望和渴求所導致的，根本原因是由於他從小與女性生活在一起，從而產生了性意識混亂。

在日常生活中，戀物癖是一種很常見的心理疾病，是指將某些沒有生命的物體作為性喚起和性滿足的刺激物，並且會將它們當作唯一或是偏愛的性刺激手段。一般來說，這些刺激物大多是女性的內衣、襪子、鞋子等，而且是使用過的。心理學家表示，這種情結往往與人的幼年經歷有很大的關係，如果孩子在幼年時缺乏安全感，並有自閉、畏縮等傾向，久而久之就會產生占有欲和控制欲。據研究發現，一些戀物癖患者在幼年時就會習慣抱著母親的衣物睡覺，否則無法入眠，如果不及時改善這種情況，隨著時間的推移，就會形成戀物癖。

戀物癖以男性為主，他們往往會透過與異性所穿戴的物品相接觸，從而引起性衝動和性滿足。一般來說，這些物品大多是與女性身體相接觸的，比如內衣、襪子等。另外，很多戀物癖患者對異性使用過的物品有特殊興趣，所以，他們不會去購買這些東西，而是透過盜竊來獲得。

經過研究發現，戀物癖的形成有四種原因：

◆心理異常

很多戀物癖患者都是性心理異常而引起的，在他們的潛意識中會非常擔心自己的性器官，所以促使他們去尋找比較安全且容易獲得的性行為對象，比如將異性身體的某個部分及其飾物當成性行為對象，從而緩解內心的不安。

◆環境影響

有些戀物癖患者之所以出現這種病症，是受到環境的影響，或是與性經歷有關。當他們最初出現性興奮時，可能與某種物品偶然連繫在一起，反覆幾次後就會形成條件反射。有時候，甚至只要有一次就會產生深刻的印象，從而在心理上留下陰影。一般來說，這種情況多發生在青春期。比如：當一個正處於青春期的男孩躺在草坪上時，旁邊一個風姿綽約的女子不小心將一隻腳放在他的身上，這個偶然動作就會激發男孩的性慾，從而導致男孩發展成為一個戀足癖。

◆缺乏性知識

有心理學家分析，有些戀物癖患者缺乏性知識、性意識方面存在某些迷思，從而形成戀物癖。

◆社會影響

研究發現，很多戀物癖患者出現在青少年族群中，並且以國高中階段的男性青少年為主。因為在這個階段，男女之間接觸得比較少，尤其是在國中，男女生都不怎麼講話，這使他們會將自己的性衝動向異性的象徵物進行發洩。起初，這些行為都是偶然的，性興奮的產生也是偶然的，但反覆幾次之後，便會養成一種習慣。

心理學家表示，戀物癖對於患者往往有很大的影響，它不僅會影響患者的心理健康，還會對其生活產生影響。所以，對於對戀物癖患者來說，當發現自己患有這種病症時要及時進行治療。那麼，如何矯正和治療戀物癖呢？對此，有專家提出以下幾種方法：

◆與孩子分離時要安撫好他們

對於很多年幼的孩子來說，他們非常害怕黑暗，但有些父母會硬性地將自己與孩子分開，這對孩子來說是一件難以接受的事情，所以致使很多幼兒在睡前處於恐懼不安的狀態中，久而久之就會患上戀物癖，例如，必須抱著母親的衣服才能入睡。如果父母與孩子分離時能夠安撫好他們，比如在孩子床前多陪伴他們一會兒，讀童話故事或是唱首搖籃曲等，等孩子睡著後再離開，就會讓其擺脫對某種物品的依戀，從而走出「戀物癖」的惡性循環。

◆心理治療

當戀物癖患者對某種物品產生衝動時，不妨給自己一個強烈的刺激，比如在手腕上隨時戴一個橡皮筋，產生衝動時就用其彈擊手腕，讓自己感到疼痛，從而控制欲念，直到這種現象消失為止。另外，在身心科醫師的指導下，全面地了解戀物癖，以對自己的病症有正確的認知，從而增強治療的決心和信心，最終達到治癒的目的。

◆藥物治療

對於比較嚴重的戀物癖患者，在醫師的建議下可以服用適量藥物，以抑制性衝動。

異裝癖：用衣服穿出另一種性別

葉子和男友是經朋友介紹認識的，剛開始見到對方時，葉子就心動了，因為他長得高大帥氣，而且很有禮貌，對葉子也很溫柔體貼，所以，見了幾次面後，葉子便與他談起了戀愛。不承想，在他們相處一年半之後，葉子卻發現了男友的特殊癖好。

有一次，葉子去男友的家中為他收拾房間，但在他的臥室中卻發現很多女人的衣服，還有女性的化妝品。這讓葉子大為生氣，以為男友背著她與另外一個女生交往。於是，當男友回來的時候，她質問男友家中為何有女人的衣服。誰知，男友見到那些女裝，不僅沒有東窗事發的緊張，而是眼睛發亮，溫柔地拿起那些衣服說：「這些都是我的寶貝，當然會在我的家中出現了。」

說完，他直接將自己的男裝脫了下來，換上那些女裝，一邊穿還一邊對葉子說：「等我穿完了，妳就會發現我的美。」然後，他自顧自在鏡子前面喜滋滋地穿著，而且臉上顯現出一種強烈的滿足感。這讓葉子相當震驚，原來男友竟然有這種癖好。

之後，男友還會拿葉子的衣服來穿，即使穿上去極為不匹配，他卻樂此不疲，感到很滿足。不僅如此，有時候男友還會讓葉子陪著他去買大尺碼的女裝，並聲稱要穿著這些衣服與葉子約會、看電影。這讓葉子既感到難堪，又難以接受，但她不知道該怎麼辦，不知道如何才能幫助男友。

其實，葉子男友的這種行為屬於異裝癖。它又被稱為異性裝扮癖，是指透過穿異性服裝而獲得性興奮的一種性變態形式。一般來說，患者都是異性戀，但有些同性戀也有異裝癖，以男性為主。心理學家表示，異裝癖患者往往是從青春期就開始喜歡穿異性的服裝，起初，他們會在家中穿一兩件異性的服裝，並且在鏡子前自我欣賞，但後來逐漸發展成穿著異性的服裝大搖大擺地出入公共場所，對於衣服甚至比女性還要講究，還會使用女性的化妝品等，從中獲得滿足感或是出現性衝動。

當然，女性也會患有異裝癖，她們可能會覺得穿男裝比較舒服，而且符合自己的個性，所以總是喜歡穿著男裝。起初，她們會穿比較中性化的衣服，但後來就慢慢嘗試穿男裝。在此過程中，為了穿著更好看，她們開始出現束胸等行為，後來甚至會將頭髮剪成男士髮型，此時的她們會非常討厭女性的衣服。

不過，在日常生活中，有些女性比較喜歡穿男性服裝，這並不能說明她們患有異裝癖。如果已經到了束胸、剪男士髮型、對女裝心生牴觸的程度，才是異裝癖。

那麼，為何會出現這種現象呢？對此，有心理學家總結出以下幾個原因：

◆生理原因

有些異裝癖患者因為自身先天生理缺陷或是後天機能的障礙，導致他們嘗試扮演異性的角色，抑或是偶然受到了異性服裝的視覺或是觸覺的刺激，從而讓其選擇穿異性的服裝，並從中獲得身心的滿足感和快感。

◆心理原因

有些異裝癖患者會對兩性關係產生害怕和擔心的心理，所以他們如果不穿異性的服裝就會出現性功能障礙。而透過異性的裝扮則能緩解患者潛意識中對性活動的緊張、害怕情緒。

◆家庭原因

如果患者的父母本來想要女孩，結果卻生了男孩，或是相反的情況，想要女孩卻生了男孩。為了彌補內心的缺憾，他們會將孩子打扮成異性，並給孩子更多的關心和愛撫。另外，有些家長會受到傳統思維的影響，為了保護孩子的平安，特意將孩子打扮成異性的形象，並為其取異性的名字。比如葉子後來得知，男友之所以這樣，就是因為他的父母喜歡女孩，結果卻生了三兄弟，所以他總是被父母當作女兒養，在他很小的時候，父母常常買女性的衣服給他。

◆不當的引導

有些父母認為女孩子比較溫順、聽話，所以在教育孩子的時候，總是拿鄰居家的女孩子作為榜樣來引導男孩。久而久之，導致孩子在青少年時期缺乏正常的社交，異性化的氣質和性格也越來越明顯。

一般來說，異裝癖是不會危害社會或是其他人的，只是他們的行為對其自身心理可能會產生不良的影響。所以，在兒童或是青少年時期，如果發現他們有異裝癖時要及時地採取防範措施和治療方法，以控制和改善其異常的行為。那麼，具體方法有哪些呢？對此，有專家提出以下幾點建議：

◆積極鼓勵，及時治療

如果患者是在兒童或是青少年時期出現了異裝癖的症狀，父母要及時地鼓勵他們積極地參加集體活動，以培養他們的自信心，減少他們對性別期待的壓力。如果情況比較嚴重，則及時帶他們去治療，才能控制病情的發展，從而改變其異常行為。

◆透過戀愛、結婚進行治療

專家建議，當患者在成年後患有異裝癖時，可以在戀人或是愛人的幫助下，控制和改善他們的異常行為。比如透過鼓勵、撫摸等方式幫助對方減輕、消除焦慮情緒，緩解壓力，從而逐步克服性功能障礙。

◆厭惡治療法

當患者穿著異性的服裝時，專業人士可以給予他們疼痛性的刺激或心理打擊，以讓他們改變異常的行為。

戀童癖：行走在病與罪之間

二〇〇五年在美國上映的電影《水果硬糖》（*Hard Candy*），講述了艾略特．佩姬（Elliot Page）飾演的十四歲的天才少女海莉對派翠克．威爾森（Patrick Joseph Wilson）飾演的戀童者傑夫進行的一系列報復的故事。影片的海報相當引人注目，穿著紅色連帽外套的小女孩孤零零地站在利器做成的陷阱中，就像是等待大灰狼進入圈套的小紅帽。

十四歲的少女海莉天真可愛，一副稚氣未脫的樣子，言語間卻透露出精明。她在網路上認識了一位中年攝影大叔傑夫，兩人約好在一家咖啡店見面。這位大叔雖然人到中年，但相當溫柔體貼，見面後，他與海莉不斷地曖昧互動著。隨後，海莉主動提出去傑夫的家中，讓其為她拍攝照片，傑夫非常開心，開車將她載到家中。

傑夫的家就是他的攝影工作室，房間內的設計和牆上的一些照片都讓畫面充斥著躁動的情緒。當傑夫遞給海莉酒時，海莉卻表示大人告訴她不能喝他人調製的飲品，並示意自己要親手調製。隨後，兩個人邊喝酒邊愉快地聊天，聊著聊著，傑夫便昏睡了過去。

可是，當傑夫醒來的時候發現，他被綁在椅子上，而海莉則是有備而來，她是來為朋友唐娜報仇的，目的是懲罰在網路上勾引未成年少女的戀童者！而傑夫的家中確實有很多未成年少女的照片，他不知該如何解釋。接著，海莉找出越來越多他戀童的證據，可是傑夫卻矢口否認，並為了掩蓋自己的罪行不斷地進行反抗，但最終還是被海莉制服了。

當他再次醒來的時候，發現自己被綁在桌子上，下體放著一袋冰塊。這讓傑夫相當恐懼，他意識到海莉的意圖，於是他拚命地反抗。在反抗的同時，兩個人開始鬥智鬥勇。最終海莉一點點摧毀了傑夫的心理防線。

最後，海莉給傑夫兩個選擇：一個是自己在離開後報警揭發他；另一個則是他自殺，但她會將所有的證據都毀掉以保護他的名聲。這讓傑夫的內心瀕臨崩潰的邊緣，可是後來他再次逃脫了，跑到了頂樓。

於是，海莉拿著傑夫家中的槍追到了頂樓，並逼著他就範。同時，她還逼迫傑夫從頂樓跳下去，否則就會將所有的事情告訴他心愛的女友，並讓她看到傑夫醜陋的一面。此時，傑夫的心理防線終於崩塌了，他不想在心愛的人面前暴露出自己骯髒醜惡的一面，所以他妥協了。

不過，電影在最後卻留下了很大的疑問，比如海莉的好友唐娜為何會遭到姦殺？如何肯定傑夫就是凶手？不過，能夠肯定的是，傑夫的確是一個戀童者，而他所犯下的罪行卻讓他不惜用生命來掩蓋。

何謂戀童癖？它是指以兒童為對象而獲得性滿足的一種性變態。這種性變態行為的患者以男性居多，受害者大多是青春期的女孩或男孩，也有三歲以下的幼兒。戀童癖產生於十九世紀末，是在西方的輿論中出現的。在臺灣，根據《兒童及少年性剝削防制條例》：對於未滿十四歲之男女為性交者，處三年以上十年以下有期徒刑。對於未滿十四歲之男女為猥褻之行為者，處六月以上五年以下有期徒刑。對於十四歲以上未滿十六歲之男女為性交者，處七年以下有期徒刑。對於十四歲以上未滿十六歲之男女為猥褻之行為者，處三年以下有期徒刑。其行為不一定是強制性的。可是，很多家長對戀童癖問題的嚴重程度，在認知上有明顯的不足，總是將其他成年人對孩子的過分關注和喜愛當成是善意的、無害的，從而為戀童者提供了有利的作惡條件。

在中國古代，孌童則是戀童癖與同性戀的結合，而且戀童者大多數是男性。特別是在明朝、清朝，都有比較出名的「象姑館」，這裡的少年大都是家境貧困而在此當「男妓」，以供戀童者玩樂。古代有很多文人都有這種怪癖，比如明末清初散文家張岱稱自己「好美婢孌童」、紀曉嵐也在《閱微草堂筆記》中記載了很多關於戀童的故事。

一般來說，戀童癖患者對性成熟的人不感興趣，只會對兒童有興趣，並以滿足性慾為目的。他們追求的是心理上的性滿足和性快感，所以他們常常透過窺視或是玩弄兒童的生殖器以獲得性滿足。不過，隨著接觸的次數越來越多，心理滿足就會演變成生理滿足，即表現出性交要求、折磨兒童等。

另外，在戀童癖患者中，既有同性戀的傾向，也有異性戀的傾向，不過，他們兩者存在很多區別。一般來說，有同性戀傾向的患者大多是已婚的，他們往往喜歡年齡更大一些的對象，比如十二到十四歲左右的孩子；而異性戀傾向的患者，則更喜歡七到十歲的兒童。

心理學家經過研究發現，男性戀童癖患者大多是在三十歲以上，並且對成年人缺乏興趣，他們的婚姻和性關係也存在問題，比如性生活常常感到沮喪、憂慮，無法得到性快感，這可能是戀童癖行為發生的主要動機。因為在與兒童發生性關係時，他們往往處在「主導」、「控制」的地位，會從中獲得安全感和滿足感。

戀童癖是如何產生呢？對此，有專家總結出以下幾點原因：

◆心理原因

一般來說，留戀童年時代，關心兒童、喜歡兒童，這本是一種正常而普遍的行為，其心理也是無可厚非。不過，如果這種行為和心理超過一定的限度，成為一種觀念固定在大腦中，並控制人的行為，則成了戀童癖患者。

◆家庭原因

由於家庭失和，夫妻感情不和，導致他們對成年人不感興趣，轉而將兒童當成性對象。

◆性格原因

有些人的性格膽怯、懦弱，缺乏處理危機的能力，當遇到意外情況、受到打擊時，比如發現妻子出軌時卻不敢面對現實，而是希望能夠回到童年，從而將心思放到小女孩身上，將小女孩幻想成兩種形象：戀人和母親。

◆社會原因

有些人在日常生活和工作中因為不擅長處理人際關係或是在與成年人打交道時受挫，便會感到緊張、恐懼，認為與成年人交往太費心思，而與兒童交往卻相當容易。久而久之，就會對人際關係產生厭倦，而將興趣轉移到兒童的身上。

另外，有些人在青春期對異性產生好感時，會被家長或是老師禁止或打壓，導致他們在成年後無法正常與同齡的異性交往，從而讓他們對兒童產生性幻想。

除了以上這些原因外，有些人會因為智慧發育遲緩、殘疾等原因而無法正常接觸成年女性或是接觸的機會比較少，就會將滿足性慾的對象轉向兒童。

雖然說喜歡兒童本身不屬於性犯罪，但如果這類人對兒童實施了性侵害，法律為了保障兒童的身心健康，一般會根據受害對象的年齡和性別給罪犯不同程度的法律懲處。如前面所述。

另外，戀童癖患者可以進行針對性的治療。最常用的就是厭惡療法，即當患者接觸兒童或是兒童模型時，便對他們施加會造成身心痛苦的刺激，比如橡皮筋刺激、電療刺激等，以破壞他們的病理條件反射。在多次強化下，讓其逐漸改變戀童癖的行為模式。如果情況較為嚴重，則需透過藥物治療。

偷窺癖：躲藏在他人背後的眼睛

小羅是一個資訊系的大學生，性格內向，不喜歡主動與人交往。不過，在他畢業之後靠著自己的不斷學習和打拚，如今是某IT公司的主管。在外人看來，小羅是在事業上是比較成功的，年紀輕輕就坐上了主管的位置，而且還是自己喜歡的工作。可是，每次有同學替他介紹女朋友時，都會以失敗告終。這讓那些為他介紹女友的同學很納悶：難道是因為小羅太過內向的緣故嗎？

其實，很多人都不知道小羅還有一個特殊的癖好。由於小羅精通電腦，公司在裝監視器時便將這件事交給他，不承想他竟然利用這個便利在女廁所和更衣室裝上隱蔽的針孔攝影機，並透過自己的電腦觀察女廁所和更衣室的一舉一動。起初，他只在下班的時間偷偷觀看，後來發展成即使在上班時間他也會看。每次觀看時，他都會獲得極大的滿足感和快感。

一段時間後，小羅的工作效率和業績開始明顯下降，而且他的精神也變得很不好。起初，主管以為小羅生病了，還讓他去醫院檢查一下。後來有一次因為看影片看得太入神，主管去找他時他竟然沒有覺察到，此時主管才知道他的這個怪癖。

小羅的這件事被傳開後，同事以及認識他的人都稱他是「變態」，公司也因此將其辭掉。當警方對小羅進行教育時，他卻表示自己根木控制不住那些行為，總是喜歡偷偷地看女生換衣服。

其實，小羅的行為屬於偷窺癖。所謂的偷窺癖是指有偷窺行為或是體驗過偷窺的衝動，偷看他人的生活隱私，比如更衣、沐浴、性生活等，以滿足自己的慾望和獲得性興奮。有研究顯示，很多偷窺者都不會結婚，而且缺乏社交能力，與異性很難建立正常的兩性關係。一般來說，他們偷窺的方式有很多：當偷窺者在很遠的距離時，他們會透過望遠鏡、針孔攝影機等器材進行偷窺；如果距離比較近，他們就會在試衣間或是廁所這種地方進行偷窺。

有專家表示，很多偷窺者在窺視到自己想看的東西後，就會出現一系列的幻想或是自慰行為。而大多數成年偷窺者的行為有以下幾種特徵：

◆偷窺的動機是出於追求一種心理刺激

他們對公開的、公眾的異性暴露（如性感寫真）並沒有很大的興趣，而是喜歡那種偷窺的刺激，偷窺時壓力越大，越能讓他們獲得滿足感和快感。同時，還會伴有自慰的行為，以發洩自己的性慾。

◆偷窺的手段很隱蔽

有些偷窺者會在門縫中偷看或是在牆上挖一個小洞，抑或是在晚上從陽臺、樹上等高處偷看。有些偷窺者還會藉助望遠鏡、針孔攝影機等進行偷窺，更有甚者會裝扮成女性，進到女浴室或女廁所偷窺。

◆偷窺者的自制力比較差

很多偷窺患者也可能意識到自己的行為是不對的，但無法控制自己，他們總是處於一種欲罷不能的痛苦處境中。

◆偷窺者的社交能力差

大多數偷窺者的人格不是很健全，而且性格比較內向、孤僻，缺乏與異性交往的能力，或是在婚姻上不成功。比如：案例中的小羅就是屬於這類人，他的性格比較內向、孤僻，社交能力比較差。

是什麼原因導致偷窺癖的產生呢？有專家總結出以下幾點原因：

◆童年時受到不良影響或經歷

有專家研究發現，大多數偷窺者在童年時期都遇到不良的視覺性誘惑或是不良的影響，抑或是不良的性經歷，導致他們的性心理發育受阻。比如在幼年時看到母親的裸體或是在青春期看到異性的裸體、情色刊物等。

◆受到色情文化的影響

色情文化對偷窺者往往造成很大的影響，從而在感官上刺激他們。對於自制力很差的人來說，是很容易陷入性變態泥沼中的。

◆習慣所致

正所謂習慣成自然，特別是壞習慣，如果偷窺者在嘗試一兩次後就漸漸上癮，自然，這種偷窺習慣也就很快成型了。

雖然偷窺癖並沒有什麼危險性，但對於偷窺者來說，他們可能會採取某種激烈的手段來達到目的，比如侵犯被偷窺的對象。另外，由於他們總是沉溺於這種不良行為，也會對其正常的生活和工作造成影響，對自我也是一種傷害。那麼，有什麼具體的方法可以治療偷窺癖呢？對此，有專家提出以下幾點建議：

◆行為矯正法

這種方法是一種比較富於強制性的手段，尤其是對於那些無法控制自己行為的偷窺者來說，是比較實用的。比如厭惡療法，即給予他們疼痛性的刺激或是心理打擊，以讓他們消除那些異常的行為。

◆性教育和性治療

從偷窺癖形成的原因來看，大多數患者往往與自己的幼年經歷有關，比如缺乏性知識，並且受到色情文化的影響。所以，在青少年時期，應該對他們進行正確的性教育以防止偷窺癖的產生，或是在偷窺癖形成的早期階段及時予以控制。

如果偷窺者是成年人，則對他們進行性治療，即重建他們的性行為模式，透過正常的戀愛、結婚來建立和諧的性關係。這對他們的偷窺行為可以產生很好的控制作用，從而將其轉化為潛在的偷窺者或是基本能夠痊癒。

◆及時諮詢專業人士

患者應該及時諮詢身心科醫師，並與其建立良好的醫患關係。而醫師則在精神上給予患者一定的理解和支持，以幫助他們建立治療的信心，調動其治療的積極性。

露體癖：用裸露來滿足自己

週五，娜娜由於工作繁忙，所以在公司加班到了晚上九點才離開。在回家的路上，她總是會經過一個沒有路燈且比較偏僻的窄巷。之前因為下班早，所以娜娜在經過窄巷時並沒有感到害怕，而今天由於加班晚歸的原因，在經過回家的必經之路時一直覺得心慌。於是，她一邊往前走，一邊準備將手機的音樂打開，以緩解內心的恐懼。

當娜娜走進窄巷時，她隱約聽到對面傳來腳步聲，還伴隨著一陣陣低沉的「嗡嗡」聲。起初，娜娜以為是過路的行人，她頓時感到不那麼害怕了，所以也就沒有將音樂打開，而是準備快步走出這段偏僻的路。

可是，當她終於快走到窄巷盡頭時，一個穿著風衣的男子突然出現在她面前，只見男子把衣服敞開，並快速地褪下褲子，露出自己的下體。娜娜嚇得「哇哇」大叫，急忙用手捂住眼睛。那個男子看到娜娜的反應，感到非常興奮和滿足，而後他又快速地提起褲子跑開了。

驚魂未定的娜娜嚇得腳都邁不動了，蹲在地上哭了起來。從那以後，娜娜再也不敢獨自一人晚上出行了，也不敢在偏僻的地方行走了，以免再遇到之前那個變態。

其實，案例中那個男子的行為就屬於露體癖（exhibitionism），也被稱為「陰部顯露慾」，它是性變態的一種。一般來說，露體癖患者習慣在不適當的環境中對異性公開露出自己的生殖器，以引起對方的緊張性情緒反應，從而獲得滿足感或快感，但不會對對方有進一步的性行為，這種行為屬於一種性偏離現象。露體癖大多發生在男性身上，並且是以未婚的男性居多，其年齡大概在二十五到三十五歲之間。如果是在人的晚年發生這種行為，則預示患者有嚴重精神病或器質性損害。

經過研究發現，暴露的對象大都是不認識的年輕異性，暴露的程度也不一樣，男性患者往往會露出自己的生殖器，而女性則是露出乳房，很少會有裸露全身的。心理學家表示，患有露體癖的人與精神病往往不同，他們知道自己的行為和症狀是不正常的，卻無法克服。很多患者雖然在暴露時獲得了心理上的滿足，但在事後會感到非常後悔。

比如：案例中的男子後來在其他地方「表演」時，被幾個行人扭送到了派出所。當警察對男子進行教育時，他相當懊惱，聲稱被他人當成「變態」抓起來讓他感到非常羞愧，也很後悔那樣做，但他又難以控制自己，總是衝動戰勝理智。

在現實生活中，這種事例屢見不鮮：在某校園的公車站附近經常會有露體癖男子出現，讓女學生都不敢單獨出行；在某輛公車上驚現「露體癖」變態男，司機提醒女性乘客在乘車時要多加小心；某公園附近有個露體癖男子時常開車追著女性跑……

露體癖是如何形成的呢？有專家分析，這可能與幼年性經歷有關。在幼年時期，患者可能與同性或是異性互相觸摸生殖器玩樂，抑或是經常性裸體，並在成年人面前炫耀生殖器等性經歷讓他們難以忘記。在成年後，由於受到某些精神創傷或是性壓抑，抑或是個性比較內向、拘謹，使他們無法合理地排解這些煩惱，患者就會不自覺地透過幼年的方式來進行宣洩。

另外，有些父母和學校的思想觀念較為傳統，他們將性教育作為禁區，總是採用掩耳盜鈴的方式對待青少年的性問題，從而導致他們出現這種性變態。

露體癖不僅是一種心理疾病，還會對他人造成傷害，並給社會帶來混亂，而當事人也會受到周圍人的譴責和鄙視，導致他們的內心相當痛苦。因此，對露體癖的預防要重於治療。那麼，具體有什麼方法呢？對此，有專家提出以下幾點建議：

◆從幼年開始預防

這就要求父母對孩子的教育要得當，不要鼓勵或是縱容他們在異性或是同性面前裸體。同時，讓他們正確認識性行為，讓其性心理日漸成熟起來，從而逐漸矯正性變態行為。

◆找出露體癖的根源

可以引導患者回憶幼年時的相關經歷，以此尋找露體癖產生的根源，並且由淺入深地給他們分析其行為的危害以及產生的機理，從而讓患者意識到自己的行為是兒童時期性遊戲行為的再現。

◆採用厭惡療法進行治療

在誘導患者想像自己的暴露行為時，給予患者厭惡刺激，比如用電流或是橡皮筋來刺激手腕、皮膚或是肌肉，注射催吐劑讓其嘔吐，以破壞他們的病理條件反射，對其進行負強化抑制，直到已建立的條件反射逐漸消退。

受虐癖：越被鞭打越快樂

小明是一個典型的富二代，他的父親是一家大企業的老闆，他每次出行都是豪車接送，而且出入的地方也相當高級。雖然頂著富二代的光環，但小明並不是那種花花公子，他是名校畢業的高材生，做事情也很有想法。因此，父親對他青睞有加，準備將公司交給他打理。不僅如此，小明還有一個知書達理的女友，與他是同一所學校畢業的。在外人看來，小明的人生簡直是完美的，但沒過多久，隨著女友與他深入交往，漸漸發現了他不為人知的一面。

有一次，小明載著女友回家與父親一起吃飯，在吃完飯後，他帶著女友在家中四處參觀。正參觀時，小明接到一通電話便出去了，示意女友隨便看看。後來，女友走進小明的房間時，發現他的臥室裡面有很多皮鞭、繩索、手銬等物品，這讓女友有些驚訝，但她在震驚之後意識到，原來男友有特殊的癖好。女友知道小明的自尊心比較強，便沒有當眾詢問他。

後來，當小明與女友發生親密關係時，他會讓女友先將自己綁起來，並用皮鞭抽打自己。如果女友抽打得比較輕，小明就會大喊：「請盡情地、狠狠地抽打我！」只有女友抽打得很重時，小明才會感到滿足，才能享受那份快感。

一段時間後，女友感到與小明相處非常累，但她又不想提出分手，更不知道如何幫助小明。這讓她進退兩難。

其實，案例中小明的行為就屬於受虐癖，即自願遭受他人的鞭打、捆綁等虐待，以讓自己獲得性興奮和性快感的行為。它屬於性變態的一種，透過自虐或是被他人虐待等方式獲得心理上的滿足。受虐癖患者的這種需求並不會危害他人和社會，而是透過接受傷害來獲得扭曲的性滿足。對此，有心理學家表示，受虐者可能有一種受難崇高的心理需求，更可能是一種人格偏好。

從廣義上來看，男性和女性都有受虐的需求。受虐可以被看成是一種肌體上的緊張。很多受虐癖患者之所以會用鐵鍊綁住自己，並用繩索套著自己的脖頸才會獲得快感和滿足，是因為他們總是懷疑自己的性能力，處於嫌棄自我、內心軟弱的狀態，才迫不得已藉助外力來讓自己變得興奮。一般來說，患者常常會透過被毆打、被羞辱等受盡折磨的方式來激發自己反覆的性喚起。

專家分析，大多數受虐癖患者對正常的性活動沒有什麼要求，甚至會產生恐懼感，而他們的變態行為往往具有強迫性和反覆性，其自我控制和自我保護能力也比較差，但並不是經常發作。那麼，受虐癖是如何產生的呢?有專家分析有以下幾點原因：

◆心理原因

對於性心理障礙的患者來說，他們常常有不同程度的人格缺陷，比如強迫型人格，也被稱為執拗型人格，做人做事比較刻板、固執，總是循規蹈矩，墨守成規；不管做什麼都沒有自信，而且工作過於謹慎。這些特徵會導致他們產生焦慮、憂鬱等反應，從而形成性變態。

◆先天基因的影響

醫學研究表示，Y染色體對暴力會產生促進的作用，而暴力則分為施暴和受虐，這也正說明男性施虐和受虐的傾向要高於女性。

另外，很多男性承擔著獨立、個人成就感等沉重的壓力，導致他們肩負重擔，所以受虐行為能夠幫助他們從角色責任中逃離出來，這就解釋了男性為何比女性更易患有受虐癖。有專家表示，焦慮感和恐懼感都是產生虐戀（sadomasochism, SM）的重要原因。

◆社會和環境原因

一般來說，反常的變態性行為是不合理的社會強制和壓抑所造成的性心理衝突的後果，所以它屬於一種複雜的社會問題。正如佛洛伊德所言：「變態的性行為就是幼兒的性行為。」在成年後，當性慾受到社會和環境的制約或是個人人格的缺陷限制而無法合理宣洩時，就會退到幼年時期，並以幼兒釋放性慾的方式表現出來，從而成為性變態。

心理學專家指出，很多受虐癖患者是在扭曲的性衝動支配下，並在特定的情境下突然付諸行動，他們無法控制自己的行為，事後又會相當懊悔。有些患者會強烈要求進行治療，以擺脫自己的痛苦狀態，但有些患者卻不認為自己的行為病態。那麼，受虐癖患者如何治療呢？具體的方法有哪些呢？對此，有專家建議不妨採用減敏療法進行治療。

很多受虐癖患者的心理根源往往與幼時第一次性喚起的刺激物存在關聯，所以，找出最初的刺激物是相當重要的。有心理學專家表示，受虐癖患者的性高潮是最早進入記憶的刺激物顯現後才出現的，而真實的性關係刺激力量往往會顯得不足。所以，模擬的幻想物往往是主要的性刺激來源。因此，採用減敏療法會產生一定的效用。

用幻想代替受虐刺激物，比如：受虐癖患者原來要求伴侶用牙齒咬自己才會有快感，現在可以想像伴侶在用牙齒咬自己時的深切疼痛感；逐漸減少受虐行為的刺激量比如受虐癖患者原來要求伴侶勒住或是卡住自己的脖子才會產生滿足感和快感，如今可以慢慢降低力度、加強想像來獲得同樣的體驗，最終取消這種刺激。

另外，將刺激與被刺激的行為變成情感性的言語表達出來。性心理治療的原則之一就是發洩原始的慾望，而不是壓抑自己。受虐癖患者可以盡情地接受虐待的感受，抒發想像中的呻吟等自我的聲音、言辭反應。如果能夠取得與受虐相似的興奮效果，則會逐漸克服這種性心理障礙。

摩擦癖：行走的「電車痴漢」

小琪是一名上班族，年輕漂亮的她很受同事的歡迎，再加上平時喜歡打扮，這使小琪看起來更加動人。不過，最讓小琪討厭的就是擠公車、捷運了。特別是在夏季，由於天氣比較熱，而在擁擠的車廂中，肩碰著肩、背對著背，更是讓人感到燥熱難耐。

有一天，小琪下班準備搭公車回家，由於正值高峰期，車廂中滿滿都是人，她上車後特意找了一個沒有那麼擁擠的地方。為了打發這段無聊而又沉悶的時間，她拿出耳機和手機，在角落裡看電視劇。

正當小琪看得起勁時，她突然感到有點不對勁，她感覺右邊有人緊貼著她來回摩擦。起初，她以為是車廂太過擁擠，避免不了會被摩擦、擠著，所以並沒有在意。後來，她發現確實有異常，因為那個男子從上車到現在一直都在自己後面，而且他根本沒有下車的意思。

小琪本不想招惹他，正好當時有人下車，她便換了一下位置，以避開那個男子。不承想，過一會兒，那個男子又貼了過來，在小琪後面摩擦。這讓小琪再也忍不住了，她立刻高聲說道：「大家快來抓住這個變態，他竟在公共場所對我性騷擾！」站在小琪附近還有幾個男乘客，聽到小琪這樣說，立刻將那名男子抓住。

後來，他們幾個人將那名男子送到派出所。經警方調查發現，這名男子其實是一個慣犯，經常在這一帶的公車上對異性進行性騷擾。可是，雖然警方對其多次教育，但他還是克制不住自己的行為。

其實，案例中男子的行為就屬於摩擦癖（frotteurism），又被稱為挨擦癖，是指在擁擠的場所中故意摩擦異性，甚至會用自己的生殖器官去碰撞女性的身體，還伴有射精或自慰等行為，以達到自己性滿足的一種性變態。一般來說，患有這種性變態的患者主要是男性，他們通常會在擁擠的場合進行這種行為，所以也被稱為「擠戀」（frottage）。

從精神病學的角度來看，摩擦癖是一種性慾倒錯障礙，這類患者無法從正常的性活動中獲得滿足和快感，所以他們會透過在公共場所對異性摩擦而獲得滿足。在臨床上，患者在發生這種行為時往往會出現主觀上的痛苦，他們也想改變，但很難克制。比如：案例中對小琪實施性騷擾的男子在被送到警局後，他也深感慚愧、懊悔，卻控制不住自己的行為。

專家經過分析發現，對於這類性變態患者來說，他們具有以下幾種症狀：

- 有計畫、有目標。患者在實施摩擦癖行為時具有計畫性和目標性。比如：在作案前，他們會對自己的衣著、面部等進行修飾；多以年輕並長得不錯的異性作為實施對象，並且是不認識的女性；大多選擇擁擠的地方，如公車、捷運、購物中心等。
- 患者進行摩擦的部位通常是生殖器區或是手、手臂等，抑或是其他部位。大多數情況下，患者會隔著衣服進行摩擦。
- 當被摩擦的對象有明顯的反應時，他們往往會停止相關行為，並會裝出一副若無其事的樣子。可是如果對方默許或是避開，他們就會繼續自己的行為。另外，患者在實施這種行為時會出現性高潮，即有射精的表現。
- 患者有反覆發作的情況。不過，他們很難從中吸取教訓，因為他們總是難以控制自己的行為。

摩擦癖是如何形成的呢？目前發病原因尚不清楚，不過，有專家總結出以下兩種原因：

◆家庭原因

很多患者在幼時都生活在性封閉的家庭環境中，從而導致他們有著性壓抑的經歷。如果是男性患者，他可能從小就生活在只有母親的單親家庭中，並且受到母親的嚴格教育。

父母不幸的婚姻使其性情變得異常孤僻，不願意與同齡女性接觸，而且對性生活很反感。在成年後，雖然他們智力健全，但依然不願與異性接觸。會在公車等擁擠的場所對陌生的異性進行摩擦，從而獲得興奮和快感，從而成為摩擦癖者。

◆偶然的原因

對於大多數摩擦癖患者來說，他們在幼時或是青少年時期的性心理發育受阻，當性快感體驗與異性身體接觸偶然地結合後，以條件反射的機制形成固定的連繫。在其成年後，他們依然會透過這種行為來獲得滿足感和快感，從而發展成摩擦癖患者。

不過，摩擦癖患者與如今中國媒體稱之的「頂族」是不同的。所謂的「頂族」是指那些熱衷於在公車或是捷運上趁著擁擠對身邊的女性乘客進行性騷擾行為的人。這個群體的行為是可以控制的，但他們經常洋洋自得地在網路上炫耀其「戰績」，助長了惡性的性騷擾行為。對此，專家認為這並不是需要矯正的摩擦癖，而是道德敗壞的行為。

對於摩擦癖患者來說，這種精神障礙往往會令他們感到很痛苦，而且難以控制自己的行為，從而做出違法的舉動。那麼，患者如何進行治療呢？對此，有專家建議主要採用心理治療的方法，具體的方法有以下兩種：

◆支持療法（supportive therapy）

在患者進行心理諮詢時，專業人員要與患者建立良好的醫患關係，並在精神上給予對方關心和支持，讓其建立治癒的信心，從而積極主動地配合治療。另外，在治療的過程中，專業人員還要與患者一起討論摩擦癖的本質和特點以及治療方法，從而更好地輔助治療，以幫助患者更快地恢復。

◆認知領悟療法

對患者進行治療時，先引導他們回憶其成長過程，尤其是幼年時的性經歷，從中找出導致摩擦癖行為產生的根源，並向患者進行解釋和分析，告訴對方這是一種兒童式的行為，不能用這種方式來宣洩成年人的性慾。在此過程中，讓患者對自己的病症有一個清楚而正確的認知，從而努力克服。

除此之外，還可以採用厭惡療法、藥物療法等進行治療。

慕殘癖：與眾不同的愛戀

小媛是一個漂亮的女孩子，不僅樣貌出眾，而且做事能力也很強，如今是某公司的部門主管。長相甜美的她身邊不乏追求者，也有很多朋友和同事替她介紹對象，她卻沒有看上任何人，這讓很多人都以為小媛的眼光太高了。其實，並不是小媛的眼光太高，而是她有一個特殊的癖好——喜歡身障人士。

在她十幾歲的時候就有這種傾向了，當時，她看到鄰居家的一個年輕而帥氣的男性親戚拄著拐杖向鄰居告別，這讓小媛產生了莫名的喜歡。從那之後，她非常喜歡關注身障者的相關資料，常常在網路上搜集關於身障人士的圖片、影片等。不僅如此，隨著年齡的逐漸增長，喜歡寫作的小媛開始在網路上寫關於身障者的小說。

雖然身邊的人不斷地為小媛介紹帥氣多金的男生，但她一個也沒有看上，而是喜歡上雙腿殘疾、長相尚可的小丁。當時，小媛與朋友一起去醫院探望病人，當她看到病房中的小丁拄著拐杖與其他人風趣地交談時，她頓時喜歡上了對方。從那之後，她經常會去看小丁。

沒過多久，小媛就主動向小丁表白了，這讓小丁感到非常吃驚，他以為小媛在開玩笑。

但後來小媛多次真心誠意地向他表白後，他才信以為真。當小媛與小丁的戀情被小媛的父母知道後，她的父母極力反對，並對小媛厲聲說：「如果妳真的要跟那個殘障在一起，我們就不認妳這個女兒。」

即使如此，小媛依然選擇與小丁在一起，並且在醫院附近租了一間房子，以方便照顧小丁。只有在與小丁相處並細心照顧對方時，小媛才感到很舒心、很快樂。

其實，小媛的這種情況就屬於慕殘癖（acrotomophilia），是對理想型的殘疾人產生一種愛慕的心理，也是對異性身體的一種特殊審美觀念。在當前社會，雖然主流審美觀念是四肢健全的，慕殘者卻認為殘障的身體同樣也是美的，而且更勝一籌。

不過，慕殘者並不是對所有身障人士都會產生性衝動，而是對自己所喜歡的類型才會有性衝動，比如外貌、內涵等。這對慕殘者來說是非常重要的，就像普通人選擇伴侶那樣。所以，一般來說，身障者中的高富帥是很容易受到慕殘者的喜歡和追捧的，而「矮矬窮」自然也是無人問津。

有心理學家表示，慕殘者的思維、行為與正常人無異，唯一與普通人不同的是——喜歡身障人士。他們之所以會這樣，可能是透過照顧、愛護身障者來滿足他們未被滿足的愛和關心的需求。

有調查發現，慕殘者往往會在網路上以虛擬的身分進行交流，但在現實生活中，有些人卻會極力壓抑自己的情感。對於大多數慕殘者來說，他們極其討厭那些歧視身障者的人。不過，在網路上，由於一些慕殘者發表的言論過於露骨或是過度表達對身障人士的愛慕，讓很多身障者對這個族群產生厭惡的心理或是引起他們的恐懼不安。因此，有些身障人士會認為慕殘者「可恥」、「變態」。

一般來說，慕殘者在少年時便會出現對身障人士感興趣的傾向。他們經常會在網路上搜尋身障者的相關圖片、影片等。另外，還有很多慕殘者會開設相關論壇，以讓更多的慕殘者在此交流或是發表所撰寫的慕殘小說。

不過，慕殘癖與截肢癖是有區別的。在一九七七年，約翰．霍普金斯大學精神病學家約翰．曼尼（Dr. John William Money）在界定截肢癖概念時，就非常慎重地將慕殘癖與截肢癖區別開。截肢癖是一種希望截肢的傾向，他們往往對自我不滿，想要成為肢體殘缺的人；而慕殘癖則是對愛慕的身障者產生性衝動，他們喜歡的是肢體殘缺的人。

對於截肢癖者來說，他們往往認為「四肢健全的身體才是不完整的」。雖然有些患者在生理上並沒有什麼疾病，而且站在醫學角度上也不需要截肢，但他們想將自己的腿截掉。有些患者被截肢後，在接受採訪時聲稱「終於把腿給截了，現在非常快樂」。

正常人很難想像，可是這種事情卻真實發生過：一九九八年五月，一名七十九歲的紐約男子為了截掉自己的腿，竟然跑到墨西哥黑市花了一萬美元截肢，但後來卻因為壞疽（gangrene）而死在一家旅館中；一九九九年十月，一名精神正常的密爾瓦基男子用自製的斷頭臺切掉了自己的手臂；同月，一名加州的法律調查員去醫院要求截肢，但遭到了拒絕，於是她將自己的雙腿用止血帶綁緊，然後將其放入冰中，以讓雙腿壞死，達到非要截肢不可的地步，但後來因為暈了過去而放棄，後來她聲稱自己有可能會臥軌或是用霰彈槍將自己的腿打斷。

對此，有專家經過研究表示，截肢癖者可能並不是精神有問題，而是有生物學根源的神經生理問題。

不過，關於慕殘癖和截肢癖的劃定還存在很多爭議，有些專家學者將兩者劃定為性反常行為和性心理障礙；但有些專家卻認為，慕殘癖是屬於性反常行為，但截肢癖不是。

在網路上，慕殘者往往被稱為「熱衷者」（devotee），而截肢癖則被稱為「欲達目的者」（wannabe）。除此之外，還有一種被稱為「裝扮者」（pretender），即他們沒有殘疾，但會在公眾場合拄著拐杖、坐著輪椅等，以獲得殘疾的感覺。

針對此類族群，建議及時看諮商心理師，以獲得專業的心理輔導。

第4章

生活中的怪癖：超乎想像的怪行為

暴食症：吃到吐才會停下來

小慧與男友相戀三年了，在外人的眼中，他們的感情非常好，即使身處異地，每天都會打視訊電話，一打就是三四個小時。但是過沒多久，小慧與男友的通話時間變得越來越短。男友向她解釋，最近工作太忙了，每天都要加班，有時候回到家裡沒有洗澡換衣服就睡著了。小慧聽了非常心疼男友，就對他說：「以後少打電話吧，你多休息一下。」不承想，之後男友的電話變成了一星期一次，有時候甚至一個月一次。

起初，小慧並沒有在意，但身邊的朋友卻提醒她：「妳還是留意點吧，工作再忙也不會連打電話的時間都沒有。這兩天正好放假，你可以去看看對方，看看到底是怎麼回事。」小慧聽了朋友的提醒，內心也不由得有所觸動。於是，她沒有與男友打招呼，就去他工作的城市了。

誰知，當小慧意外出現在男友面前時，她並沒有看到任何驚喜和開心的表情，也沒有半句慰問和關心，而是滿臉的不耐煩。正在他們說話時，一個女生跑了過來，直接挽著男友的手臂說：「今晚我們去看電影吧！咦？這是你朋友嗎？」此時，小慧才明白了一切，原來男友早已變了心。她故作鎮定地說：「其實，我這次來的目的就是提分手的，祝你幸福。」然後假裝很瀟灑地轉身離開了。

到了車站，小慧的眼淚止不住地往下流，內心相當痛苦，一路上她都沉浸在悲傷中，要不是他人提醒，她差點坐過了站。回到住處已經晚上了，可是她一點也沒有飢餓感。此時，她才想起來自己已經一天沒有吃東西了，但小慧絲毫不感到飢餓，內心被悲傷和痛苦緊緊地包裹著。

第二天早上起床後，小慧才突然感到非常餓，而且肚子「咕咕」作響。於是，她穿上衣服到樓下的超市買了一大堆零食：泡麵、熱狗、麵包等。回到家後，她開始不停地吃。但此時的肚子就像個無底洞，怎麼也填不滿。即使上面那些食物吃完了，小慧還是有些餓，於是她又下樓買了很多零食。

慢慢地，小慧變得非常愛吃，雖然她明知道自己這樣做不對，卻控制不了自己的行為。有時候她也擔心自己這麼吃會成為胖子，所以在吃後，她會用手摳自己的喉嚨，拚命地將東西吐出來。但沒多久，她就會忍不住再去吃，如果她不吃東西，就變得異常焦慮，唯有吃東西，才能讓她的內心稍微平靜些。

其實，小慧的行為就屬於暴食症（bulimia nervosa），也可以稱之為嗜食症，但這並不是一種普通的貪吃，而是一種進食行為的異常改變。一般來說，患有暴食症的人的食慾和行為會呈現發作性，一旦產生食慾便難以控制，而且每次進食量都很大，患者會擔心自己發胖，所以經常在進食後自行催吐或是服用催吐藥物，抑或是透過運動來消除暴食後引起的發胖。這些現象會每星期發作兩次以上，而且至少會持續出現三個月以上，患者還經常擔心自己的體型和體重。

據調查發現，暴食症常常發生於青少年或是成年早期，以女性居多，而男性患者僅為女性患者的十分之一左右。

英國的戴安娜王妃也曾患有暴食症。在一九七七年，英國王子查爾斯（今查爾斯三世）追求戴安娜的姐姐莎拉．史賓賽，但莎拉當時深受暴食症的困擾，於是，她便將十六歲的妹妹戴安娜介紹給了查爾斯。可是，當媒體曝光這段戀情時，戴安娜感到壓力相當大，因為時刻要面對皇室、媒體、大眾，所以她必須一直保持完美、高貴的形象，這常常會讓她感到無所適從，而且時常默默地哭泣。

後來，她逐漸有了暴食症的表現。有時候一頓飯會吃掉一整塊牛排、一大碗奶凍、一磅糖果。但在吃完之後，她就會將其吐出來。

在她與查爾斯王子舉行婚禮前夕，戴安娜發現王子竟然與卡蜜拉（今卡蜜拉王后）關係非常曖昧，而且她還在查爾斯的日記中發現了卡蜜拉的照片。從此之後，她的暴食症越來越厲害，每天都要吐三四次。當戴安娜與查爾斯在度蜜月時，因為查爾斯的一句「親愛的，妳有點胖」，導致她整個蜜月都在嘔吐的氣味中度過。

心理學家分析，暴食症之所以會發生，往往存在一定的誘發因素，比如人際關係比較差或是感情受困，情緒長期處於壓抑的狀態中，抑或是對自己偏胖的體型感到不滿，從而會採取過分的措施來逃避現實問題，但在飢餓難耐時又會不加控制地轉為暴食。有時候，患者在暴食後往往能夠暫時緩解內心的煩躁、憂鬱等。可是一旦出現焦慮、壓抑的情緒，他們又會再次暴食，以排遣不良情緒。

很多暴食症患者起初會對自己的暴食行為感到害羞，所以，在暴飲暴食時會背著他人，在公眾場合也會盡量克制。可是到了後期，他們往往無法控制自己的行為。催吐則是他們控制體重最為常用的方法，即在暴食後立即用手或是其他物品刺激咽喉，以吐出胃中的食物。

心理學專家表示，如果長期採用一些不當的消食手段，會導致胃中的酸液和食物逆流到食道、口腔，從而會對胃、食道、牙齒造成很大的損害，最終會引發慢性胃炎、胃出血、嚴重蛀牙等情況。另外，催吐還會讓顱內壓驟然上升，有些人會因此引發腦溢血，甚至會腦血管爆裂，這是相當危險的。

心理學家認為，暴食症不僅是一種不良的生活習慣，也是一種心理疾病，它往往是個人無法控制的，所以暴食症患者必須接受專業人士的幫助和治療。那麼，具體的治療方法有哪些？對此，有專家為我們提出以下幾種方法：

◆養成良好的飲食習慣，不受體重的影響

專家建議，飲食時要做到營養均衡，避免在吃飯前吃零食以及一些高脂、高糖的食物。可以多吃一些高纖維的食物，以讓消化系統更好地吸收，從而減緩對藥物的依賴。另外，不要受到體重的影響，更不要以明星的瘦削身材為目標，與他人一起愉快地進食，這樣才能避免患上暴食症。

◆找出不良情緒的來源

如果是不良情緒而導致的暴食，應積極地尋求心理專業人士的幫助，找出不良情緒的來源，及時調整飲食習慣。比如：案例中的小慧因為感情經歷而讓她內心極為壓抑和痛苦，後來朋友帶她去看專業的諮商心理師。經過專業人士的幫助，找到了不良情緒的來源，她的暴食症也漸漸有所好轉。

◆認知療法

這種療法是指透過對合理行為進行獎勵或是模擬來教育患者，從而改變他們扭曲和僵化的思維模式。如果厭食症的情況比較嚴重，則需要在醫師的建議下服用一定的藥物，比如：抗憂鬱藥或者抗強迫藥物。

◆親朋好友的關心和鼓勵

對於暴食症患者的親朋好友來說，當發現患者出現飲食紊亂的情況後，要及時地關心和鼓勵他們，而不能妄議患者的身材、相貌。就像上文中的查爾斯王子，當戴安娜王妃出現厭食症狀時，他不僅沒有進一步的關心，還說「親愛的，妳有點胖」，導致戴安娜的暴食症更加嚴重。

厭食症：看到食物就感到痛苦

小水是一名美術學院的學生，胖胖的她非常可愛，平日裡總喜歡戴著圓圓的眼鏡，性格比較內向，愛吃零食。在畫畫方面，雖然小水並不是很有天分，但很努力，經常會在畫室中練習。可是最近，小水卻不將精力放在畫畫上，而是專注於減肥。

這源於學校舉行的一次藝文活動。當時，舞蹈系的學生在臺上表演了一段優美的芭蕾舞，臺下的同學看得津津有味，一邊看一邊議論道：「你看看舞蹈系的女生，不僅舞蹈跳得好，而且身材那麼苗條、勻稱，個個就像光鮮亮麗的明星似的！再看看我們，虎背熊腰的。」小水聽了同學的談話，不禁看了看自己胖胖的肚子和大腿，手裡的零食也不由得停了下來，不敢再往嘴裡送，她覺得同學似乎是在說她。這讓她突然意識到，自己的微胖身材是相當難看的，而瘦和苗條才是有魅力的、漂亮的。所以，她暗暗下定決心：自己也要變成瘦子，也要擁有苗條的身材。

首先，小水開始杜絕自己愛吃的零食，可是一段時間過後，效果甚微。為了快速地將體重減下去，她開始不吃晚飯，而且早餐和中餐也吃得非常少，有時候甚至一日三餐都不吃。時間長了，小水變得非常注重飲食和體重，每天都會反覆量好幾遍體重，似乎體重成了她生活的重心。而且只要吃點東西，她都會擔心發胖或是體重增加，抑或是在吃後再設法將其吐出來。

後來，小水雖然瘦了下來，卻變得不愛吃飯，看到食物就感到噁心，這導致她身體非常虛弱，連走路的力氣都沒有了；頭髮大把大把地往下掉，濃密的頭髮變得稀疏。由於長時間沒有吃東西，小水甚至一天暈倒好幾次。家人得知這一情況，急忙將她送到醫院中。後來，經檢查得知，她患上了厭食症。

何謂厭食症?它是指個體透過節食等手段，有意地維持體重，從而導致體重明顯低於正常標準的一種進食障礙，屬於心理生理障礙。大多數患者由於長期控制進食，並會用手不斷地刺激咽喉，讓吃進去的食物吐出來，從而打亂了人的正常神經生理反射，最終導致大腦「看到」食物的信號不再產生興奮，消化液分泌會隨之減少，胃腸蠕動也會變慢；當個體再面對食物時也不會產生飢餓感，而是會感到噁心、痛苦。最後，生理、心理反應趨於一致，從而形成了病態性神經反射。這種病症大多發生於青少年身上，其發病的年齡大約在十三到二十五歲，多發生於女性身上，女性患者與男性患者的比例大約是九點五比一。

一般來說，厭食症分為三類：神經性厭食症（anorexia nervosa）、小兒厭食症、青春期厭食症。神經性厭食症是指患者有意地造成體重明顯地下降，以致低於正常生理標準，並極力地維持這種狀況的一種心理生理障礙；小兒厭食症是指三到六歲的幼兒在較長時間內食慾減退或是食慾缺乏而產生的症狀，這屬於消化功能紊亂，還會出現嘔吐、腹瀉、腹痛等症狀；青春期厭食症是指處於青春期的女孩因為怕胖而嚴格控制進食，由於過分控制飯量而讓體重降下來，這很容易發展成挑食、厭食等。而案例中的小水屬於神經性厭食症。

心理學專家表示，厭食症患者對體重增加和發胖產生強烈的恐懼感，對體重和體型極度關注，盲目地追求苗條。雖然體重會有所減輕，但常常會營養不良、內分泌發生紊亂。更有甚者，患者會因為極度的營養不良而出現機體功能衰竭等，從而發生生命危險。有調查顯示，有百分之五到百分之十五的厭食症患者最後因為心臟併發症、多器官功能衰竭等而死亡。

在國外曾有這樣一個真實的案例：瑞士蘇黎世有一個名叫朱莉的女孩，年僅二十四歲的她卻因為厭食症體重僅有三十五點七公斤，看起來瘦骨嶙峋。在她病情最嚴重的時候，為了逃避吃食物，會將食物偷偷地放在耳朵裡，甚至連水都不敢喝。由於患有嚴重的厭食症，她變得相當虛弱，稍微做一點動作就會讓她感到筋疲力盡。

厭食症是如何引起的呢？有專家總結出以下幾點原因：

◆生理因素

醫學研究顯示，厭食症與體內激素分泌失調有關，比如雌激素、甲狀腺激素分泌下降等。

◆社會因素

很多人都有過度追求身材苗條的心理，總是認為胖是不健康的、不漂亮的，而瘦才是有魅力、漂亮的表現，從而對身材過分苛求，非常注意飲食和體重，所以會盡量少吃或是不吃食物，抑或是在吃進去後再設法吐出來。一般來說，這類患者往往個性比較謹慎、內向、敏感等，而且自制能力比較強。

◆家庭環境因素

比如：父母對孩子管教過於嚴格、孩子在幼年時遭到虐待或是生活在單親家庭中；孩子對父母過分依賴。在這種家庭環境中成長的孩子往往性格比較敏感、偏激，而且心理承受能力不佳。

◆情緒因素

有些父母在餵食孩子時會強迫其吃東西，引起幼兒的反感，從而影響孩子的情緒，也會導致厭食。另外，如果孩子有不良的飲食習慣，比如吃飯不定時、飯前吃零食等，也會導致沒有食慾。

◆疾病因素

心理學專家表示，一些急性或慢性疾病也可能導致胃腸動力不足，從而引起厭食。如果長期使用抗生素，會導致腸道菌群紊亂，從而出現腹脹、噁心、厭食等。

厭食症不僅會嚴重影響身體健康，削弱機體的免疫功能，導致身體變得非常虛弱，還會對生活和工作造成極大的影響。所以，厭食症患者要及時調理和治療。那麼，有哪些具體的方法呢？對此，有專家提出以下幾點建議：

◆合理飲食，作息時間要規律

很多女性為了追求苗條的身材而進行節食或是斷食，這樣不僅會傷害自己的身體，還有可能患上厭食症。如果想要有效地預防厭食症，就要合理地安排飲食，養成規律的作息時間，以保護、促進食慾。

◆接受心理治療

比如對患者的心理壓力進行疏導、讓患者對環境和對自己有客觀的認知等。另外，對患者進行行為矯正，這也是心理治療的一種，主要是幫助患者恢復體重，在其體重逐步增加時，給予對方獎勵性的積極回饋。

比如：案例中的小水在就醫後，身心科醫師對她進行心理治療，讓其明白瘦並不是美的唯一標準，有時候胖也能受到大家的喜愛的。同時，對其進行行為矯正，慢慢地，小水的體重逐漸有所增加，氣色也好了很多。

◆藥物和手術治療

如果患者的厭食症比較嚴重，則需要對其進行藥物和手術治療。一般來說，會採用口服等方式來補充鉀、鈉等。如果患者貧血，則會補充鐵、維他命等。如果藥物治療效果不大，則採用手術治療。

整形癖：讓人為之神魂顛倒

花花本來是一位充滿活力的大學生，雖然長得不算漂亮，卻洋溢著青春的氣息。可是畢業之後，她找了幾份工作都不甚滿意，後來有朋友替她介紹一家醫美診所的工作，讓她先去那裡做幾天試試。

起初，花花在這裡有點不適應，因為大學畢業沒多久的她向來素面朝天，可是在這裡工作的人都喜歡化妝，而且非常注重自己的外在形象。後來，花花也漸漸適應了，因為她發現在化完妝後，自己確實比以前更有精神、更漂亮，而且也更加自信。所以，她每天上班前都要花費一兩個小時化上精緻的妝容。

在這家醫美診所工作一兩年後，花花不僅愛上了化妝，而且還迷上了整形。隔一段時間她就會在自己工作的醫美診所或是其他醫院開眼角、隆鼻等。在每次微整形後，她都非常滿意，所以更加迷戀化妝和整形。只要是出門，即使去菜市場買些菜，她都會在家化上一兩個小時的妝才出門。如果不化妝，她就感覺好像沒有穿衣服。

最近，花花在照鏡子時發現自己的大腿和手臂有點粗，這讓她對自己的身材感到很不滿意。每次出門或是去參加某些活動，她都會非常在意自己的體型，總是認為他人會為此而嘲笑自己。這讓她相當難受和痛苦，常常會魂不守舍、坐立難安。

起初，花花會透過運動減肥，但成效甚微。後來她又透過節食來減肥，可是即使如此，依然沒有達到她的理想體重。於是，她準備去做抽脂手術。

其實，花花可能患上了軀體變形障礙（body dysmorphic disorder, BDD），也可以稱為體象障礙、醜形恐怖等，即總是對自己的皮膚、相貌、身材感到不滿意，每天都要花上好幾個小時進行美容保養，隔一段時間就會去打「肉毒桿菌」、「美容針」等。在心理學上，這種情況屬於身體臆形症，即在客觀上並沒有什麼外在的缺陷，可是主觀上卻認為自己很醜，從而產生痛苦的心理。因此，這常常會導致患者坐立不安，變得多疑、傷感，總認為他人對自己指指點點。遇到這種情況，他們不會尋求諮商師的幫助，而是去找整形醫師來糾正自己的「容貌缺陷」。

有整形癖的人大多很在意自己的體型，對「瘦」的苛求也異於常人，總認為自己不夠瘦、不夠苗條，體重只要增加一點點就會感到內疚；過度喜歡化妝，只要出門就會化妝；每隔一段就會打美容針，讓自己的皺紋、斑點消失，否則就會魂不守舍，總認為他人用異樣眼光在看著自己；不管在什麼場合都無法控制自己照鏡子，還總是會問他人：

「我今天看起來還可以吧？」

有心理專家表示，雖說適當地整形能夠提升自信和美感，但如果頻繁地整形則可能是一種成癮行為，因為對整形癖的人來說，「沒有最好、只有更好」。所以，他們常常是非理性的、無法停止的。身體臆形症是當今社會較為普遍的一種心理，雖然不算是非常嚴重的心理疾病，不過如果患者頻繁地整形，有可能會陷入一種極端的心理強迫症中，從而影響身心健康。

頻繁而過分地做醫美會造成哪些危害呢？有專家總結出以下幾點：

◆皮膚表層過薄，容易過敏

如今，很多人會認為肌膚之所以會出現各種問題，是因為沒有清潔到位造成的，所以會使用各種清潔產品進行保養。可是，如果過度地清潔肌膚，反而會導致皮膚的表層過薄，而且在某些季節中還很容易過敏。

◆皮膚易鬆弛、老化等

如果補水過量的話，會導致肌膚變得鬆弛，並且沒有光澤；如果肌膚還沒有出現問題，就未雨綢繆地進行保養，可能會導致肌膚提前衰老。

◆出現脂肪粒問題

如果使用過多的營養面霜，就會出現脂肪粒問題。起初，很多人可能不會太在意，但久而久之，眼睛周圍的皮膚就會累積過多的脂肪粒，想要清除並非易事。

美容不僅會危害肌膚，有時候還會危及生命。二〇一〇年十一月十五日，中國女歌手王貝在一家醫院做整形手術後死亡。當時，英國、法國等國外媒體爭相報導這一事件，指出它反映了中國社會「渴求美麗」的病態現狀，法國媒體評論王貝是死於「身體臆形症」。

對於女性來說，熱衷美麗本是無可厚非的事情，而且如今整形也成為一種流行，但關鍵是需要保持一種理性的求美心理。有整形癖的人最好及時與心理專業人士進行溝通，學會克制和調整。那麼，具體該怎麼做呢？對此，有心理學家提出以下兩點建議：

◆了解頻繁整形的壞處，再進行行為調整

這需要有整形癖的人積極地尋求心理專業人士的幫助，在他們的引導下了解頻繁整形的壞處，並且意識到其根源是在自己的內心，而不是外界，然後憑藉自身的意志加以克制和調整，從而擺脫這種困擾。

◆強行打斷自己的強迫觀念

比如：可以自己設置一個鬧鐘，每隔三分鐘響一次，當鬧鐘響起時，就大聲喊「停」，以此驅除大腦中的強迫觀念。或是在大腦中出現強迫觀念時，立刻站起來做一些其他強烈動作，並大聲喊「停」，然後再用比較正常的聲音，直至僅僅需要在內心說「停」，就能驅除強迫觀念。

購物癖：成為物質的犧牲品

芳芳是一個上班族，今年已經三十三歲了，但至今還是單身。其實她自身條件很不錯，身材高挑，工作能力也比較強。可是在選擇男友上她總是千挑萬選，即使家人和朋友為她介紹了好多個，她總會找出各種原因，聲稱對對方不滿意，所以如今還是孑然一身。獨自一人的芳芳似乎過得並不空虛，每天都將時間花在購物上。

在購買東西時，她從來不會像其他人那樣選擇那些促銷或是打折的商品，而總買一些價格比較高的東西或是奢侈品。在她看來，只有這些物品才與自己的身分相匹配，才是自己的理想生活。

要是芳芳哪一天沒有購物，她就會感到非常失落，做什麼事情都提不起勁，總是感到莫名的空虛。有一次，由於工作需要，公司派她到某個地方去做調查，可是那裡既沒有網路，也沒有大型購物中心，導致芳芳無法血拼，這讓她做事也沒有精神，彷彿丟了魂似的。兩天之後回到工作的城市，她做的第一件事就是去購物。當進入百貨公司後，她就變得異常興奮和熱血沸騰，也不顧自己的經濟承受能力，熱情地買下一件又一件價格高昂的商品。

可是，芳芳這份熱情和興奮並不是持久性的，當「戰利品」拿回家後，她發現自己剛剛購買的東西與之前的款式非常相似，而且那些物品一直是束之高閣，都沒有用過幾次，也並不是她真正需要的。這致使她的心情再次變得不好了。

雖然芳芳收入不低，但由於她總是喜歡購買高級商品，導致每個月的薪水都不夠用，所以她辦理了多張高額度的信用卡。這又使她經常入不敷出，有時候還得向朋友借錢來還款，如今她已經是債臺高築。

其實，芳芳的行為就屬於購物癖，也被稱為購物狂，屬於一種衝動控制障礙，是一種非常過分且不合理的消費行為。一般來說，如果購物行為沒有引起不良的社會後果，並且個人的購物行為與其經濟狀況相適應，則不認為是購物癖；如果這種購物行為不僅會讓個人產生痛苦情緒，還會引發債務、家庭等問題，則被視為購物癖。

心理學家經過研究發現，大多數患有購物癖的人在沒有購物時，整個人會顯得完全沒有精神，而且高興不起來，總是有一種莫名的空虛感；當購物癖「發作」時，就會變得焦慮；可是一旦進入商場或是處在購物的環境中，他們就會變得異常興奮和有熱情，對每一件商品都相當積極，甚至不顧自己的經濟承受能力。

有專家表示，對於患有購物癖的人來說，購物的過程往往是短暫的，所以其興奮狀態也是一時的，在衝動下購買的很多物品並不是自己所需的。因此，他們回到家後無法感受到真正的快樂，而瘋狂購買之後只會讓其陷入情緒「低潮」，也因此造成一定的經濟負擔，從而導致家庭關係緊張，這讓「購物癖」們的心情更加痛苦。

據媒體報導，一位林女士非常喜歡網購或是去百貨公司買東西，每個月都要花費幾十萬元，而她所買的很多東西根本不是她所需的，堆積在家裡占了很多地方。不僅如此，她還偷偷在外面貸款買東西。這讓丈夫對其越來越不滿，時常為此吵架，甚至有幾次兩個人還在購物場所大打出手。

哪些人最容易患上購物癖呢？有心理學家經過研究總結出以下兩種人群：

◆自我意識比較強的人

一般來說，這類人對自己的要求比較高，總認為自己離理想的生活比較遠，所以，他們就會透過大肆購物來獲得心理上的滿足，以此進行「自我修復」。其實，這類人大多並不是很富有，但總希望自己擁有富人才買得起的東西，只有這樣才能滿足他們做「富人」的心理和願望，比如案例中的芳芳。

◆追求物質享受的人

這類人往往會將獲得某種物質條件作為自己奮鬥的目標，對他們來說，似乎只有獲得物質享受，才能解決生活中所有的問題。

據調查發現，患有購物癖的人有九成是女性，而且她們對衣服有尤其強烈的購買欲，這說明患有購物癖的女性喜歡用自己的外在形象來「修補」自己。另外，女性的傳統購物角色也促使她們易患上購物癖。

如今，越來越多的年輕族群開始患上了購物癖，並且成為世界性的問題，嚴重影響了他們的心理平衡，讓他們只有在獲得物質滿足的情況下才會感到快樂和產生動力；如果沒有了物質刺激，他們就會對課業或工作喪失興趣，情緒一直處於低落的狀態中。那麼，如何才能擺脫這種狀態呢？對此，有專家提出以下幾點建議：

◆對自己要有客觀的認知

如果不想讓自己成為購物癖的犧牲品，首先要學會面對真實的自己，客觀地認識自己，對現實中的自己和理想的自己有一個正確的分析和評價，做自己力所能及的事情，而不是盲目地去追求脫離實際的物質享受。另外，在節假日中要懂得理性消費，克制不合理的購物欲望，從而預防誘發購物癖。

◆買東西前進行理性思考、分析，從而抑制購物衝動

在買東西前進行理性思考和客觀分析，知道哪些東西是自己必需的、有用的，哪些東西是不需要的、不實用的，並計算一下購買不實用的東西所需的資金，從而可以有效地抑制自己的購買衝動。另外，去逛街時盡量少帶一些錢或卡，盡量不要使用信用卡，防止衝動消費。

◆充實自己的生活

如果想要抵制物質的刺激，不妨試著讓自己的生活變得充實、豐富起來，將購物行為轉化成其他行為。比如：約朋友去爬山、看電影、健身等。

異手症：為何總是「手不由己」

曹阿姨是一位退休的國小老師，退休後的她依然沒有閒著，開始重拾自己的興趣愛好——音樂，她不僅經常參加社區的老年人歌唱團，還在家中自學鋼琴，從簡單的五線譜慢慢學起，幾個月之後，曹阿姨就能彈一兩首曲子。而且她唱歌也很好聽，經常作為歌唱團的領唱。這讓其他老人都羨慕不已，都說曹阿姨在音樂方面很有天賦，而且生活過得多采多姿。可是最近，在曹阿姨的身上卻發生了一些怪事。

有一天，曹阿姨準備下樓去參加社區的歌唱團訓練，她伸出右手將門打開後，左手卻不由自主地把門關上。起初，曹阿姨沒有在意，但反覆幾次，門始終沒有打開，她才意識到自己的手好像不聽使喚似的。最後，曹阿姨讓老伴幫自己開了門。

又有一次，她想讓其他老人來自己家中做客，便準備洗一些水果來招待他們。可是她在廚房洗水果時，右手將水龍頭打開後，左手就會不由自主地將其擰緊關上，反覆好幾次。最後，也是老伴幫她洗了水果。

此時，曹阿姨才意識到自己的身體可能出了問題。因為在此之前，她也曾出現過類似的狀況：有一次，她拿出紙抄寫一首曲子，右手去寫時，左手就會不由自主地將紙揉碎，反覆幾次，也沒有寫成。後來正好電話響了，她忙著去接電話就把這件事忘了。如今，身體又出現了同樣的狀況。

於是，曹阿姨在女兒和老伴的陪同下去醫院進行了檢查。經檢查得知，曹阿姨可能患上了異手症。

何謂異手症（alien hand syndrome）？它是一種不尋常的神經病症，患有這種病症的人的手好像受到其他人控制一樣。異手症之所以被大家發現，並被全世界知悉，是因為一部電影，它是一九六四年由史丹利．庫柏力克導演的電影《奇愛博士》（*Dr. Strangelove or: How I Learned to Stop Worrying and Love the Bomb*），奇愛博士就患有這種病症，他的右手總是不受控制地行納粹軍禮。所以，異手症也被稱為奇愛博士症候群（Strangelove syndrome）。

一般來說，異手症患者的手與他們的正常行為很不同，他們往往無法控制自己手部的動作。比如：想要脫去外衣，解開鈕扣時，左手就是不能配合右手完成這個動作，總是需要他人的幫忙。再如，案例中曹阿姨出現的狀況：右手將門打開時，左手卻不由自主地將門關上等。

目前，專家對異手症產生的原因並不是很清楚，但根據推測，它可能與左右腦同時對肢體進行支配有關。眾所周知，大腦是由左右半球組成的。而連接兩個半球的則是胼胝體，它如同一座橋梁，將左右腦的資訊交流協調起來。如果胼胝體被損害，就會出現右腦無法讀取左腦資訊的情況，從而使右腦所控制的左側肢體總是不受控制，而是自己做一些動作。比如：大腦曾經動過手術、中風或是患過傳染病等，這些情況都會引發異手症。案例中的曹阿姨就曾經做過腦外科手術。

心理學專家表示，如今還沒有治療異手症的有效方法，最好的解決方法就是給異手症患者那隻不聽使喚的手提供一個可供把玩的物體，以讓它充分地「忙起來」，從而避免它做出傷害患者的事情。

不過，異手症和網路上所說的「手賤」是完全不同的。有很多網友經常在網路上發出「我怎麼就管不住自己的手呢」、「我的手怎麼這麼賤呢」、「為什麼總是會做一些讓人傻眼的事情呢」等疑惑。

有網友分享一些關於自己「手賤」的糗事：

網友A：閒著無聊，翻看手機中的各種功能設置。看到「恢復原廠設置」這個功能鍵，手賤地點了下去，結果，手機中的所有資料、照片等全沒了，怎麼弄也弄不回來了，真想痛罵自己。

網友B：在搭公車時，看到公車座椅後面有一張廣告，坐在那裡閒著無事可做，手賤地去摳那個廣告。結果，紙沒有被摳下來，卻缺了一個角，實在很難看，想恢復原狀也不行了。

網友C：腿上有一個傷口，每次看到它就會手賤去摳。結果，每次剛剛結痂，我就把新皮給摳掉了，最近一次竟然摳出血來。

網友D：每次開水龍頭洗手，洗完之後，用手關了水龍頭，又會手賤地再洗一遍，有時候甚至洗好幾遍，總認為手接觸了水龍頭，還要再清洗一遍。

……

有心理學專家表示，生活中的這些「手賤」行為並不是異手症，它與異手症是完全不同的，比如：用手摳公車上的廣告或是摳傷口等行為只是一種焦慮的表現，從而讓人產生「手賤」的舉動。這是因為很多人在百無聊賴時會不知道手該放在哪裡，也是一種下意識的舉動。而關水龍頭後反覆洗手，就像出門前反覆檢查是否關掉燃氣或鎖門一樣，屬於一種強迫症。

想要區分「手賤」和異手症，關鍵是看行為是否受精神控制。雖然「手賤」的舉動有時候好像不聽大腦的使喚，但思維仍然是自主的，手並沒有失控，精神是可以控制手的。所以，「手賤」而做出的某些舉動並不是異手症。

紅色恐懼症：每日如同驚弓之鳥

悅悅是一名女高中生，成績不錯，總是位居班上前幾名。不過，她的性格比較內向、敏感，而且不喜歡主動與人社交。所以在學校中，她總是獨來獨往。可是最近，悅悅不知為何成績一直往下滑。父母開家長會得知這件事後非常擔心她，問女兒發生了什麼事，她支支吾吾也沒有說出來。

於是，在老師的建議下，父母帶著悅悅去看諮商心理師。當諮商師與悅悅對話時，發現她的眼神躲閃不定，看起來非常緊張，而且臉漲得通紅。後來，在諮商師的引導下，悅悅才漸漸說出成績退步的原因。

原來，悅悅曾在一次自習課上發生了一件難堪的事情：當時，大家都在認真上著自習，而悅悅因為肚子不舒服，一直忍著疼痛沒有去廁所。當下課鈴剛剛響起時，她就立刻跑了出去。沒想到，因為跑得太急，剛出門口就與一個男生相撞了，而且還撞在那個男生的懷中。這讓正處於青春期的悅悅感到很難堪，當她聽到班上的同學都在「哈哈」大笑時，恨不得找個地縫鑽進去。

其實，這件事本來沒什麼，可是對於內向而敏感的悅悅來說，卻承受著巨大的心理壓力。她總感覺同學在說話或是開玩笑時都是在議論自己、嘲笑自己。雖然她在心裡面也告訴自己：這只是一個偶然的尷尬事件，誰都有可能會發生，沒有必要在意，也不要因此而惴惴不安。可是一旦進入教室，她就會不由自主地想起那一幕，與同學交流時，也擔心同學會因為那件事而嘲笑自己。

從那之後，她更加不敢與同學們交流，並且心存恐懼，一旦與同學說幾句話，她心裡就會突然「咯噔」一下，心跳加快，臉漲得通紅，這往往讓他人莫名其妙，也讓悅悅更加感到難堪。所以，致使悅悅一直處於焦慮、痛苦的狀態中，即使上課、吃飯、睡覺等都會想著這件事。

久而久之，由於上課不專注聽講，悅悅的成績開始直線下滑，這更讓她產生了退學的念頭。

其實，在悅悅身上所發生的情況就屬於臉紅恐懼症（erythrophobia），又叫紅色恐懼症。它是指當與陌生人或是異性說話時總會臉紅。其實，當我們在不熟悉或是比較重要的場合中時出現緊張、心跳加快、臉紅等情況是很正常的。但因為曾經發生難堪的事情而造成巨大的心理壓力，總認為他人在議論自己，這就是一種心理障礙，即臉紅恐懼症。

對於臉紅恐懼症患者來說，他們在與人交談時會很容易臉紅，其實他們也告訴自己這並沒有什麼可怕的，也想要做出改變，能夠正常地與他人交往，但結果並非他們所想。當與人交談時，他們會突然心跳加快，一股熱血往臉上湧來，致使臉變得通紅。這不僅讓自己感到難堪，也讓交談對象感到莫名其妙，從而會被他人笑話，導致患者更加不敢與人交流，與人交往時產生了恐懼和焦慮，就像一隻驚弓之鳥。可是，他們又渴望與其他人社交。

所以，在他們的身體裡往往存在兩個不同的「我」：一個比較害羞、懦弱；另一個則總是強迫自己做出改變。這兩個「我」經常在內心打架，致使患者精神上感到過於沉重和疲憊，從而患上了紅色恐懼症。對此，心理學家表示，這種病症不僅是一種屬於強迫症的心理障礙，而且還是一種社交恐懼症。

紅色恐懼症是如何形成的呢？有專家分析，當我們與不熟悉的人或是比較重要的人交往時，往往會出現緊張、激動等狀況，並且會反射性地引起人體交感神經興奮，正腎上腺素等兒茶酚胺類物質分泌增加，導致人的心跳加快，微血管擴張，就會表現出臉紅。其實，這是人際交往的正常反應。隨著時間的推移，很多人都會習以為常。

可是，如果是性格內向、敏感，而且缺乏自信的人，就會特別在意他人對自己的評價，非常注意自己在他人面前的表現，從而會對臉紅格外在意，並且擔心他人會因此而議論自己。本想不讓自己臉紅，卻無法控制，所以見人臉紅就成了心病。在與人交流時，便會擔心自己臉紅，在交流的過程中更是高度注意自己有沒有臉紅，久而久之，就會在大腦的相應區域形成興奮點。一旦進入交流的環境中，他們就會感到臉上發熱，並且內心焦慮不安，再加上他人的議論和嘲笑，更會讓患者感到緊張、害怕，從而形成了紅色恐懼症。

患上紅色恐懼症往往會讓患者處於焦慮、憂鬱的狀態中，而且還會導致記憶力衰退、失眠、心理上產生恐懼感等，從而無法集中精力學習、工作。對此，專家建議，可以透過適當的心理調節來產生舒緩的作用。那麼，具體應該怎麼做呢？請參考以下幾個步驟：

◆第一步，找出臉紅的原因，並將其寫下來

想想到底是什麼原因、什麼情況會導致自己容易臉紅，將這些原因和情況在卡片上都寫下來，並按照由輕到重的順序將其排列好，將最輕的放在前面，將最重的放在後面。

◆第二步，進行放鬆訓練

具體的方法是，讓自己置身於一個安靜而舒適的環境中，坐在一個能讓自己全身放鬆的座位上，慢慢地深呼吸，以讓全身放鬆。待全身放鬆後，拿出剛剛準備好的卡片，由輕到重來幻想各種臉紅的情境，幻想得越逼真、越鮮明，越能產生有效的調節作用。

◆第三步，直到幻想不會讓自己臉紅才停止練習

在幻想的過程中，如果感到臉紅或是有些不安，就停下來不要再幻想，而是透過深呼吸讓自己慢慢放鬆。在徹底放鬆後，再幻想剛才的情況，如果臉紅和不安再次發生，就再次停下來進行放鬆。反覆進行多次，直到卡片上的情況不再讓自己臉紅或不安為止。

◆第四步，按照相同的方法依次幻想卡片上的情境

需要注意的是，每次進入下一張卡片的幻想時，要以自己在幻想上一張卡片描述的情境時不再感到臉紅和不安為準，否則，不要進入下一個階段。

除了按照以上這些步驟來調節心理外，還可以透過向親朋好友傾訴來尋找心理安慰；對自信心進行訓練，以克服自卑感，培養自信；當心裡感到緊張時，可在手中握著某些小物件，以讓自己獲得安全感等。

嗜睡症：對身體產生危害的「睡美人」

愷愷從事業務已經好幾年了，由於每天的工作都有指標和任務，如果無法完成績效就會受到影響，而績效則與自己的薪資有關，所以他不得不拚命去做，一天下來他總感到筋疲力盡，有時候甚至連飯都不想吃。不僅如此，由於工作任務量繁重，愷愷每天都要加班到很晚，有時候工作忙不完，還要帶回家處理，每天都要到凌晨一兩點才睡。久而久之，他長期晚睡早起。

慢慢地，愷愷變得非常嗜睡，而且這種睡意很難抵擋，有時候他白天正在工作時竟然就趴在桌子上睡著了，有時候則是在吃飯時就睡過去了，而且一睡就能睡好幾個小時。起初他沒有在意，以為是最近沒有休息好的原因。但後來，這種無法抗拒的睡眠情況越來越多，有時候他竟然能夠在白天睡上七八個小時，而且睡完之後並沒有感到精神有所恢復，而是感到神志不清、全身非常疲憊等。

不僅如此，愷愷發現自己的記憶力也在不斷地下降，總是忘東忘西，在與同事開會時，明明前一秒還想著要說什麼事，後一秒卻怎麼也想不起來；他到外地出差時，同事讓他幫忙帶一些當地的特產，雖然他口頭上答應一定帶到，但回去時卻忘得一乾二淨。

在學習新事物的能力上，他也沒有以前那麼順手了，總是顯得非常笨拙。當主管有新的任務交給愷愷時，原來很快就能上手的他卻怎麼也理不出頭緒，不知如何下手。這讓愷愷感到非常苦惱和痛苦，不知道自己到底是怎麼了。

有一次，愷愷在家中醒來後發現自己的身體似乎不能動彈似的，他想要去拿身邊的眼鏡也沒有力氣，在持續幾分鐘後，他的手才有了知覺。這讓他感到害怕，急忙去醫院進行檢查。經醫師仔細檢查發現，愷愷是患上了嗜睡症。

何謂嗜睡症（hypersomnia）呢？嗜睡症是指白天過度睡眠（但這並不是由於不足的睡眠量導致的），或是在醒來時達到完全覺醒狀態的過渡時間比較長的一種症狀。嗜睡症的發作過程是每天都會出現睡眠紊亂，持續時間超過三個月，或是反覆發作，從而對患者造成痛苦或是其他負面影響。嗜睡症是一種神經功能疾病，這種疾病的發生是萬分之六，在每個年齡層都有可能發生，而且男性的患病機率要高於女性。

在醫學上，專家將嗜睡的症狀劃分為以下幾種：

◆白天會產生過多的睡意

這種症狀是最為明顯的，而且始終都存在。

◆猝睡（cataplexy）

這種症狀的發生是因為肌肉功能突然或是暫時性消失，從而引起頭部或是身體在沒有喪失意識的情況下發生癱瘓，會持續幾秒鐘或是幾分鐘。一般來說，輕微的症狀表現為口吃或是說話含糊不清、手指無力，拿不起東西等，嚴重的話則會出現膝蓋彎折，讓人產生虛脫之感。通常在興奮、生氣等激烈情緒下也會引發猝倒。

◆睡眠麻痺（sleep paralysis）

是指當患者醒來後暫時不能運動，往往會持續幾分鐘，這與猝睡的症狀類似。

◆催眠性幻覺

這種症狀常常發生在入睡時或是發生睡眠麻痺之前，腦海中出現如同夢境般的影像，內容通常非常恐怖。

那麼，什麼情況容易引發嗜睡症呢？現代醫學中關於嗜睡症的病因並沒有完全明確，據國外一項調查顯示，長期睡眠不規律會引發嗜睡症。有百分之八十五的患者嗜睡症病發前會有一些誘發因子，比如：嚴重的睡眠不足、長期晝夜輪班工作、頭部受到傷害（頭部外傷、腦瘤）等。另外，嗜睡症還與基因、環境因素以及中樞神經疾病有關。

因此，治療嗜睡症必須進行正確診斷，弄清楚其病因再加以治療，從而有效改善患者的嗜睡症狀。那麼，具體的治療方法有哪些呢？對此，有專家提出以下幾種方法：

◆藥物治療

醫學專家建議，嗜睡症患者可服用興奮劑來改善白天嗜睡的情況。另外，在白天時要有規律地小睡一段時間；如果患者出現猝睡和睡眠麻痺的症狀，則可以用抗憂鬱劑進行治療，以消除這些症狀。

不過，不管服用何種藥物，都必須在醫師的指導下使用，因為有些藥物具有副作用。

◆心理治療

心理學家表示，心理調節對嗜睡症患者的自尊、感情支持可以產生非常重要的作用。有些嗜睡症患者由於無法發揮自己的潛能而被其他人或是親朋好友嘲笑懶惰，這種情況更應該採用心理治療，消除與發病有關的不良心理因素，避免精神受到刺激，幫助他們建立正常的生活規律。

另外，在進行心理治療的同時，也可以採用藥物治療，使用小劑量的精神興奮藥物。

◆多參加一些有益身心的活動

專家建議，嗜睡症患者要多參加一些有益身心的活動。比如：每天不少於一小時的體育運動，以讓自己的身心變得興奮起來；多參加一些歌唱比賽等集體娛樂活動，讓自己變得更愛社交；多培養自己的興趣愛好，讓自己的生活態度更加積極。

第5章

離經叛道的人格怪癖・偏離正常軌道的怪行為

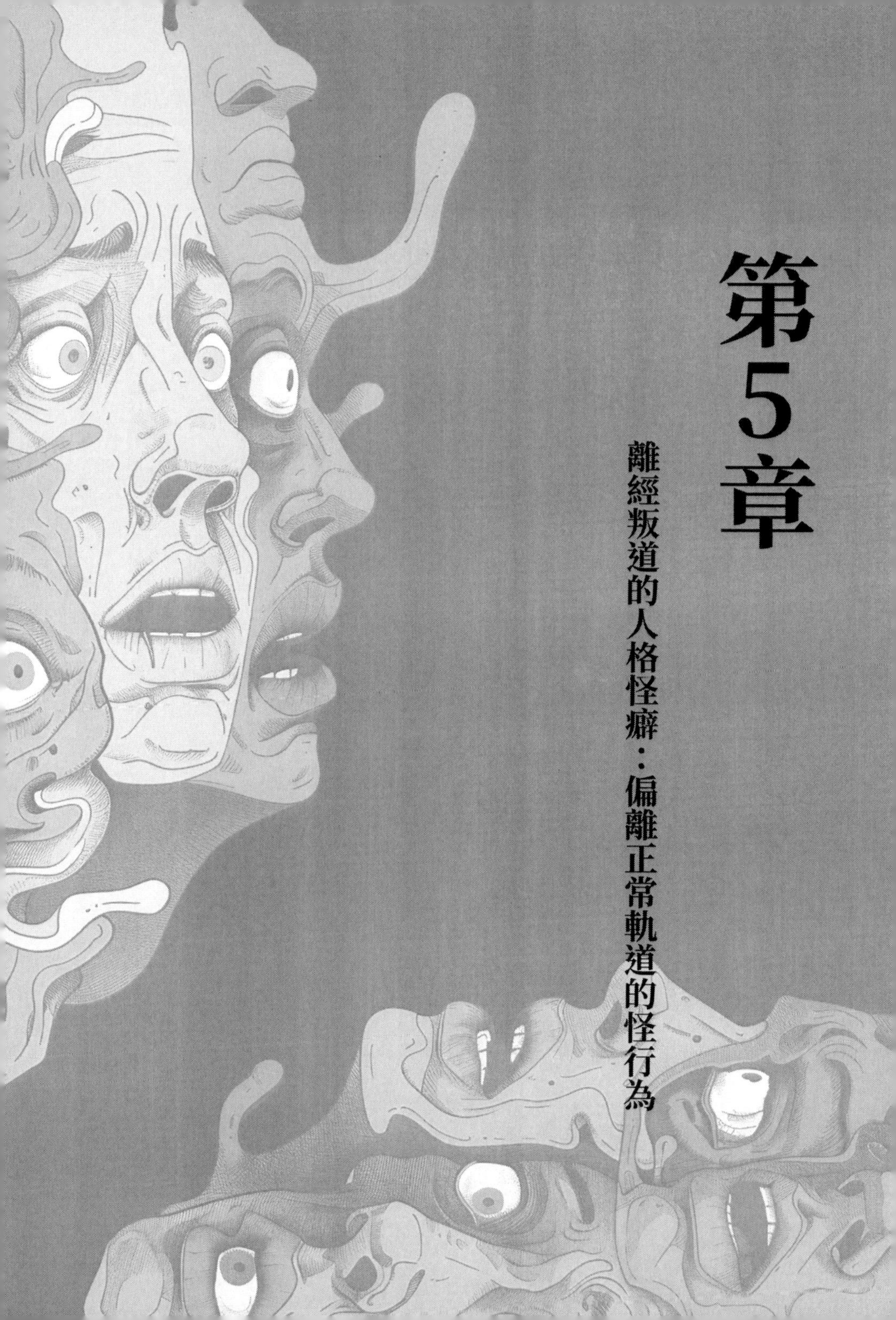

偏執型人格：世界充滿了「陰謀」

曉君與阿耀是一對戀人。在外人看來，阿耀是一個非常優秀的男生，在一家營收不錯的公司上班，而且對曉君很體貼、愛護。因此，很多認識他們的人都說曉君的運氣真好，找了這麼一個稱心如意的男友。沒過多久，曉君就在大家的祝福中和阿耀結了婚。本來，曉君還憧憬著婚後的幸福生活，可是她的婚姻美夢很快就被徹底擊碎了。

有一次，曉君的公司舉辦員工兩天一夜的外出旅遊。在公司的旅遊活動結束後，有幾名同事還想到其他地方遊玩兩天，正好也有假期，而曉君也很喜歡旅遊，便與他們一起多待了兩天。旅行結束後，曉君回到家時卻發現阿耀滿臉的不悅，還沒有等她把行李放下來，阿耀就責問道：「公司的旅遊不是兩天一夜嗎？妳怎麼在外面待了四天才回來？」

曉君向阿耀解釋了一番，但阿耀依然不滿地說：「我向妳同事打聽了，和妳一起去玩的同事大都是男性，而且還未婚，你們這幾天是怎麼住宿的？」曉君又向他詳細地解釋半天，但阿耀依然不相信。最後，兩個人因為這件事爭執了大半夜。從那之後，阿耀總是懷疑曉君私下裡與其他男同事關係曖昧，所以經常打電話追問她在哪裡、與誰在一起等。

不僅如此，當曉君因為公司聚會晚回家或是被阿耀碰到與男同事走得太近時，他就會亂發脾氣，不管曉君怎麼解釋，他都聽不進去。後來，在爭執的過程中，他竟然開始動手打曉君，曉君的身上常常是青一塊紫一塊。但事後，阿耀又會痛哭流涕地乞求曉君的原諒。

這讓曉君越來越忍受不了這樣的婚姻生活，她向阿耀提出離婚，可是阿耀死活不答應，還聲稱如果曉君與他離婚，他就會對她的家人進行報復，而且會永遠纏著她。

案例中的阿耀的行為就屬於偏執型人格（paranoid personality disorder）的表現，也被稱為妄想型人格。偏執型人格的行為特徵是：非常敏感多疑，思想行為很固執、死板；心胸狹隘，容易產生病態的嫉妒、怨恨，無法寬容他人的過錯；無端地懷疑伴侶不忠、將無意的或是好意的行為看成是惡意的；對挫折和拒絕過分敏感；總是將一些事物解釋為不符合現實的「陰謀」；對自己評價過高，以自我為中心。

對於偏執型人格者而言，他們的關鍵問題是不信任他人。在某些特殊的情況下，每個人都有可能對他人心存懷疑、警惕，或是不信任他人，這是可以被理解和接受的，但偏執型人格的人則是在大多數情況下都如此，即使對身邊被認為是忠實可靠的人也是這樣。所以，這類人總是處於高度警惕的狀態，時刻提防他人的攻擊，從而表現出敵視、憤怒等行為。

心理學家研究發現，偏執型人格的人幾乎沒有自知之明，他們對自己的偏執行為也持否認的態度。據調查發現，偏執型人格患者中以男性居多，不管是內向型還是外向型的人，都可能出現這種人格特徵。有專家表示，具備這種人格的人大多無法與家人和睦相處，也無法與朋友、同事融洽共事，所以，遇到這類人最好敬而遠之。

偏執型人格是如何形成的呢？有專家總結出以下幾點：

◆成長經歷造成

患者在幼年時可能生活在一個缺乏父愛或是母愛的家庭環境中，而且經常受到指責和否定，導致他們的性格變得很孤僻，不願與他人交流。有研究發現，在單親家庭成長的孩子易出現偏執型人格。另外，在成長期間他們常會遭到一些打擊和挫折，導致他們形成懷疑和不信任他人的性格。

比如：案例中的阿耀就是生活在單親家庭中，爸媽在他很小的時候就離婚了，他與爸爸一起生活，爸爸對他要求非常嚴格，一旦做不好某些事情，就會對他百般指責和否定。

◆自我要求較高

由於患者總是被強烈的孤獨感所包圍，他們一向不喜歡向他人求助，對自己有很高的標準和要求。可是這些要求與自身的不足往往形成了很大的矛盾和衝突，他們卻不願公開承認自己的不足。比如自己的才能並不出眾，卻總是要求自己必須在某個領域做出一番成就等。

◆社會環境的影響

有些人之所以出現偏執人格，可能是受到環境影響，比如經濟狀況不太好的人往往會避免談論自己的經濟問題，學歷不高的人往往會討厭他人談論學歷等。

對於偏執型人格患者來說，他們總是對他人和周圍的環境充滿了敵意和不信任感，即使一點小事因為極其敏感的內心也會引起軒然大波。那麼，如何才能解決偏執帶來的危害呢？有專家提出以下幾種方法：

◆學會忍耐和提醒自己

在日常生活中，我們很容易遇到各種衝突和摩擦，這些都是在所難免的，此時，必須學會忍讓和克制，避免讓怒火毀了理智。另外，要學會經常提醒自己，芝麻小事不要放在心上，大事化小小事化了，做人做事切不可斤斤計較，不要因小失大，這樣能夠緩解自己對他人的敵意心理和強烈的情緒反應。

◆懂得尊重他人

對那些曾經幫助我們的人學會說一些感謝之類的話，而不是對他人的幫忙視若無睹、無動於衷。同時，試著對他人保持微笑，剛開始可能會很不習慣，但習慣了就會感到很自然，而且會做得越來越好。

◆自我心理暗示

當遇到不開心或是不如意的事情，不妨給自己心理暗示，努力消除對他人的不信任感以及對周圍環境無端產生的敵意，從而能夠弱化對抗的心理，減少對抗的行為。

反社會型人格：如同有攻擊性的猛獸

在外人的眼中，小胡從小就是一個讓人操心的孩子，只要父母指責他幾句，他就會立刻跟他們頂嘴，而且還動不動就離家出走。不僅如此，他經常與同齡的孩子打架，原因都是因為一點小事而引起的，但他總是將對方打哭，甚至還會打傷，這讓很多孩子的父母都去小胡家找其父母理論。正因為如此，小胡的父親經常對他嚴厲地斥責、打罵。後來，父母的關係變得很不好，他們經常會在家中發生爭吵，而父親則會拿小胡出氣，對他拳打腳踢。

小胡在上學期間也是如此，不僅不好好讀書，而且經常與同學打架。有一次，老師對他進行管教時，他竟然將拳頭伸向了老師，把老師的眼鏡都打壞了。即使學校給予他嚴厲的警告和處罰，但他依然不知悔改，聲稱要對老師進行報復。在一次放學後，他竟然尾隨老師，得知老師的住處後，趁老師不在家時，用強力膠堵住老師家的門鎖，而且還用石頭將其大門劃壞。

他不僅對男老師如此，對女老師也非常過分。在他上國中時，有一位女大學生在他們學校實習。由於那位女老師不僅長得漂亮，而且對學生也很溫柔，小胡對她萌生愛意，並向對方表白，可是遭到了老師的拒絕。此後，小胡不斷地對那位老師進行騷擾：在老師的書中夾一些紙條，在紙條上寫著很難聽的話；在老師的課堂上故意搗亂，導致她不能正常講課；經常在晚上放學後偷偷地跟著老師。

這讓那位實習老師感到很害怕，並將這事上報給了學務主任。學務主任讓小胡道歉，並寫悔過書，但之後沒多久他又故態復萌。最後，那位老師實習沒有結束就離開了學校。

後來，小胡高職夜校還沒有上完就步入了社會。在社會上，他變得越發不守規矩：工作頻繁地更換，不是因為他做事不負責任的態度，就是在工作中總是打架鬧事。正因為如此，他成了派出所的「常客」。

案例中的小胡就屬於反社會型人格（antisocial personality disorder, ASPD），又被稱為逆社會型人格障礙、社會變態、心理變態，具備這種人格的人往往對社會產生嚴重的影響。一般來說，這類人具有很強的攻擊性；無法從經歷中吸取經驗教訓；做事總是比較衝動，而且不負責任；抗壓能力非常差；不能預見自己的行為所帶來的消極後果，沒有任何道德感或是罪惡感；工作失敗，有坐牢經歷等。

心理學家表示，反社會型人格是一種心理疾病。據美國一項調查顯示，美國大概有七百六十萬人有反社會型人格，而且男性的反社會型人格發生率要高於女性。

比如：《水滸傳》中的李逵，有些人認為他是快意恩仇的勇士，但有些人卻認為他具有反社會型人格。在他一出場時就是殺人逃犯，不僅不守法，也不遵守江湖規矩，甚至有一次差點殺了大哥宋江。

如何判斷一個人是否具有反社會人格呢？有專家總結出以下幾個特徵，只要符合其中三個，則在臨床上就可以被診斷為「反社會人格」：

- 無法遵守社會秩序和規範；
- 做事總是非常衝動，沒有任何計畫；
- 很容易動怒，而且對他人具有較強的攻擊性；
- 習慣欺騙和操縱他人；
- 沒有絲毫的責任感；
- 從來不懂得顧及自己或是他人的安危；
- 在做出傷害他人的事情後絲毫沒有悔恨之意。

那麼，反社會型人格是如何形成的呢？有專家總結出以下幾個原因：

◆遺傳因素

醫學研究顯示，血緣關係越近，則反社會型人格的遺傳發生率就越高。比如：患者父母的異常腦電波率較高；同卵雙胞胎的性格一致率較高，腦電圖也非常相似，犯罪率往往會超過異卵雙胞胎。

◆家庭因素

一般來說，在家庭環境中，反社會型人格的孩子往往無法與家人建立融洽、和諧的關係。這不僅與父母的教育方式有關，還與他們自身的教育程度、經濟狀況、婚姻狀況等有關。

比如：如果父母關係融洽，孩子會受到良好的影響；反之，如果父母離異或是關係不好，則會導致孩子的童年創傷。像案例中的小胡，在他童年時期，當父母關係不融洽時，爸爸就會拿他當出氣筒，這是導致他反社會型人格形成的原因之一。

◆文化因素

與東方文化相比，西方文化更易產生一些暴君式的人。這是因為西方文化強調個人主義，而東方文化則是注重家庭，避免常人做出特別過分的事情。

由於反社會型人格的人不僅會對他人造成傷害，對社會的安定也造成很大的影響，所以，對這類人要進行有效的預防和治療。那麼，具體的方法有哪些呢？有專家提出以下兩種方法：

◆心理治療

這種方法對反社會型人格可以產生積極的作用，能夠幫助他們建立良好的人際關係。首先，用關心的態度來對待他們，讓其認識到自身的個性缺陷；其次，指出他們的個性是可以改變的，以鼓勵他們樹立信心，改造自己的個性；最後，鼓勵他們積極地參加一些治療性社區活動，以控制和改善他們的偏離行為，讓其丟掉那些已經養成的不良習慣，重塑或是重建人格，從而向好的方向發展。

◆藥物治療

雖然藥物無法改善人格結構，但對某些表現具有一定的效果。當患者情緒不穩定時，可以根據他們的具體情況給予相應的藥物治療。

暴怒型人格：綻放的鳳仙花

阿源是某中學的一位歷史老師，很多同學都喜歡聽他的課，因為他總是能將枯燥乏味的歷史知識講得生動有趣，有時候即使不拿課本，他也能聲情並茂地為學生講課，而且講得準確無誤。所以，阿源不僅受到學生的喜歡，也備受學校領導的青睞。可是，在處理一些小事情上，阿源的反應卻讓人看不懂。

有一次，他走進教室準備上課時，兩個學生卻在一個角落中打架。阿源本想將他們拉開，讓其回到座位上準備上課。可是，在此過程中，由於一個學生用力過猛，直接打到了阿源的身上，這讓他有些生氣，對那名學生數落了幾句。可是那名學生卻不接受，還當場頂撞阿源。

這讓阿源感到有些難堪，畢竟很多學生都在那裡看著。他用手中的書敲著那個學生的頭，本想再教訓幾句。可是那個學生卻抬起手來擋，這讓阿源立刻火冒三丈，直接將書扔在一邊，改用腳踢，一腳將那名學生踢得趔趄倒退，然後憤怒地摔門而出。

雖然事後他感到有些後悔，但每次遇到類似的事情，他都控制不住自己的情緒。其實，很多同事也反映阿源平時性情就有些急躁，常常會因為一點小事與他人大打出手。

> 一天中午，幾個同事在一家餐廳吃飯，正當他們吃著時，附近一桌的客人吃完準備離開，但在離開時不小心撞到了阿源。本來就是一件很小的事情，對方道個歉也就沒事了。可是阿源卻與對方發生了爭執，繼而大打出手。後來，幾個同事好不容易才將他們拉開。

案例中的阿源就屬於暴怒型人格，間歇性暴怒症（intermittent explosive disorder, IED）也被稱為間歇暴躁症、陣發性暴怒疾患，是一種因為微小的精神刺激而突然爆發出極其強烈而又難以控制的憤怒情緒，同時還伴有衝動行為的人格障礙。

普遍來說，這類人的情緒很不穩定，並且缺乏控制衝動的能力，暴力或是威脅性行為的突然爆發很常見。當事情發生時，他們會感覺大腦一片空白，全身肌肉緊張，從而產生衝動性行為，如同鳳仙花一樣，輕輕觸碰一下就會炸出很多籽。

暴怒型人格與上一節中所講的反社會型人格是不同的：暴怒型人格的人雖然會產生衝動行為，但在衝動過後，他們常常會後悔不已，並且具有陣發性的特點，在不發作時，他們是正常的，在人際交往中有時也能建立良好的人際關係；而反社會型人格的人則是想做什麼就做什麼，事後沒有絲毫的悔意，也沒有任何的愧疚感和自責感，在人際交往中只能維持相對膚淺而短暫的友誼。

暴怒型人格是怎樣形成的呢？有專家總結出以下幾點原因：

◆心理原因

心理原因主要包括三個方面：第一，自尊心受挫。特別是對於年輕人來說，他們的自尊心往往比較強，如果經常遭受挫折，其反應會變得異常敏感、強烈。挫折理論也顯示：在日常生活中，每個人或多或少都遭遇過挫折，所以每個人都有一定的攻擊性；遭受的挫折越大，越有可能出現攻擊行為，甚至會使用暴力。

◆角色認同

尤其是進入青春期的男生，他們總認為自己已經是成人了，是一個男子漢了，便熱衷於男子漢角色的認同和片面理解，強調男子漢的義氣、果敢、力量、攻擊等特點。所以，在同齡人面前，尤其是有異性在場時，他們就會表現出較強的攻擊性，以證明自己是一個「頂天立地」的男子漢。

◆自卑的補償方式

每個人可能會因為家庭背景、經濟條件、工作情況等產生自卑心理，心存自卑的人會尋求自卑的補償方式，如果用衝動、打架來作為補償方式，就會出現攻擊性行為。

比如：案例中的阿源在上大學時就相當自卑，因為他是在大都市上的大學，而從小山村出來的他總是感到自己處處不如他人。由於自卑心過重，他常常會透過衝動的行為來尋求自卑的心理補償。久而久之，他就會因為一點小事而出現攻擊性行為。

◆生理原因

醫學研究顯示，攻擊行為是有生理基礎的。心理學專家表示，由於小腦成熟延遲，傳遞快感的神經通路發育受到了阻礙，從而很難感受和體驗愉快與安全，這可能是攻擊行為發生的原因之一。有醫學調查報告也顯示，很多暴力犯罪者的腦電波會呈現異常狀態。

◆家庭和社會原因

有專家表示，攻擊性行為往往與家庭教育有著很大的關係。如果父母過於寵溺孩子，會導致孩子的個人意識太強，一旦受到限制就會採取攻擊性的行為進行還擊；如果父母過於專制，經常打罵孩子，導致孩子的內心長期受到壓抑，長此以往，鬱積於心的不滿情緒一旦爆發，就會選擇較為激烈的攻擊行為來發洩；有些孩子還會模仿父母的攻擊性行為。

另外，如今社會上有很多凶殺、武打的小說和電影，導致缺乏分辨能力的年輕人極易受到影響，進行模仿。同時，一些社會流行觀念也影響著年輕人，比如：「老實人容易吃虧」等，導致他們產生攻擊性行為。

有專家表示，暴怒型人格的人會隨著年齡的增長出現不同的變化，雖然會逐漸有所緩解，但依然在人際關係方面出現障礙，表現出對親朋好友的敵對態度。那麼，暴怒型人格如何治療呢？有專家提出以下幾點建議：

◆培養承受挫折的能力

專業的心理人士可以對患者進行細緻地心理分析和溝通交流，讓其正確地對待挫折，即正視困難和挫折，從中總結經驗和教訓，找到受挫的原因，並進行分析，而不是一旦遇到挫折就採取攻擊性的行為。另外，透過各種手段來培養他們的心理承受能力和抗壓性。

◆開展青春期方面的教育

對於正處於青春期的孩子來說，應該多開展一些青春期生理和心理知識的教育，以讓他們正確地認識自己以及自己的內在和外在變化。尤其是進入青春期的男生，要讓他們明白不能僅僅停留在自己身體的某些外部特徵和行為變化上，還要鼓勵其多自省，不斷地完善自己的心理和個性。另外，多開展一些藝文活動，以讓他們找到一個正常而合理的情緒釋放管道，並培養他們各種興趣愛好，從而陶冶情操，讓其身心健康成長。

◆藥物治療

醫學研究顯示，很多暴怒型人格障礙的人與雙相障礙有密切的關係。所以，在藥物治療上，可以給患者選擇使用一些情感穩定劑等藥物。

做作型人格：生活就像在演戲

陳佳和陳穎是一對姐妹，姐姐陳佳不僅課業成績優異，而且長相甜美，所以，她經常受到父母和其他親朋好友的表揚；而妹妹陳穎卻沒有姐姐那麼出色，不僅成績一般，而且長相也有些不盡如人意，所以，她很少得到父母的讚揚，在姐姐面前，她就像是一隻醜小鴨，這讓她感到心理不平衡。漸漸地，陳穎變得越來越「怪異」。

有一次，家裡有親戚朋友來做客，當大人說話時，陳穎卻總是在一旁打斷他人的聊天，將話題引到自己的身上，聲稱自己在這次運動會上取得不錯的成績，而且還獲得了獎項，以讓大家對她進行誇獎。於是，其他人只好對她讚揚了一番。可是當其他人開始新的話題時，她卻在一旁打開電視，一邊觀看一邊發出各種叫聲，以吸引大家的注意力。

後來，她發現大家的注意力仍然不在她的身上，她便跑進房間中待了一會兒，然後打扮得花枝招展地出來了，並聲稱要給大家表演一個節目。雖然她的語言和動作過分誇張，但哭笑卻很逼真，大家都誇她是一個很好的「演員」，之後可以去做明星。這讓陳穎聽後欣喜若狂，接著又要為大家表演。

不僅如此，她的脾氣也變得越來越大，而且越來越自私。有一次，父母買了一套書籍給她們姐妹倆，以讓她們在週末或是放假的時間看。可是陳穎卻將這套書放在自己的臥室中，即使不看，她也占著它們。姐姐陳佳每次想要看時，她都說「我正在看呢」。

後來，陳穎去參加夏令營時，姐姐便去她的房間裡拿出那套書來看。陳穎回來發現書不見了，就在家中大聲吵鬧起來。得知姐姐拿走了那套書，她竟然指著姐姐叫囂道：「誰准妳動我的書了？」姐姐便反駁說：「這是爸媽買給我們兩個人的，讓我們一起看的啊！」但陳穎卻不管不顧地直接將書搶了過來，還差點將姐姐推倒在地，然後怒氣沖沖地回到自己房間。之後，只要陳穎離開家，她就把自己的房間鎖起來。結果，那套書一直都在她的房間中放著，不願意與姐姐分享。

陳穎的這種「怪異」行為就屬於做作型人格障礙（histrionic personality disorder, HPD），又被稱為尋求注意型人格障礙、心理幼稚型人格障礙（psychoinfantile personality disorder）或是歇斯底里型人格障礙（histerical personality disorder）。一般來說，這種人格障礙大多會出現在女性身上，年齡在二十五歲以下，患病率為百分之二點一到百分之三。患有這種人格障礙的人往往過分情緒化，總是用誇張的言行來吸引他人的注意力。

心理學專家表示，做作型人格是一種相對棘手的心理障礙，其表現一般有以下幾個方面：

◆過度以自我為中心

這類人非常喜歡他人的誇獎，並希望自己做什麼事都能引起大家的注意。大家只有投其所好，才能讓其滿意，才會表現得欣喜若狂，否則就會不遺餘力地攻擊他人。另外，患有這種人格障礙的人在性心理發育方面往往不成熟，會表現出性冷淡或是過分性敏感。

◆過於表現自己，以引起他人的注意

做作型人格者喜歡過分地表現自己，有時候甚至會裝腔作勢，以引起他人的注意。不過，他們確實有一定的藝術才能，哭笑都很逼真，非常有感染力。

◆情緒易激動、變化無常

患有做作型人格的人只要受到輕微的刺激，就會有很大的情緒反應，而且常常會大驚小怪。由於情緒反應有些過分，所以會給他人一種膚淺、沒有真情實感的印象。另外，他們的情感比較豐富，變化無常，很容易情緒失衡。

◆習慣耍玩弄他人的花招

這類人常常會用玩弄他人的花招讓他人就範，比如說謊、任性、諂媚等，甚至還會使用操縱性的威脅手段。所以，這類人的人際關係比較差，表面上看來他們比較貼心，但實際上卻不顧他人的需求。

◆有很強的受暗示性

心理學專家表示，具有做作型人格的人不僅有很強的自我暗示性，而且還有很強的被暗示性。他們往往喜歡幻想，總是將想像當成現實，如果現實不夠刺激，他們便會透過幻想來激發自己的情緒體驗。

做作型人格障礙是如何形成的呢？有專家分析，這與基因和家庭環境有很大的關係。有研究發現，當孩子在成長的環境中缺乏關愛、期望等，就會導致他們發展成為做作型人格障礙。比如：案例中的陳穎從小就缺乏父母和親朋好友的關注與愛護，甚至被忽略，從而讓她缺乏溫情，漸漸脫離現實，用「怪異」行為來逃避生活中的不如意。

另外，父母不當的教養方式也是一個重要因素。有很多父母都期望孩子能夠按照他們的期望來膚淺地表現自己，這是促成做作型人格的重要原因之一。比如：父母會讓孩子向他人展示自己漂亮的容貌、舞臺式的言行舉止等，從而讓孩子喪失真實的自我，缺乏自信，漸漸發展成虛假型自我，時時刻刻都在進行表演。

除此之外，做作型人格與反社會人格也存在密切的關係。美國一項研究顯示，有三分之二的做作型人格障礙者達到了反社會型人格障礙的標準。其實，這兩種類型的人格障礙在潛在的特質方面有相似的地方，只是男性與女性表現的形式不同。女性會透過「表演」來反映，而男性則以「反社會」等暴力的人格表現。

心理學專家表示，做作型人格障礙是一種很棘手的心理障礙，患有這種心理障礙的人還會出現自殺的現象。那麼，如何矯正這種人格障礙呢？有哪些方法呢？對此，有專家提出以下幾點建議：

◆自我調整

由於這類患者的表達比較過分，讓其他人難以接受，所以，他們要試著改變這種情況。首先，要向自己身邊的人進行調查，聽聽他們對自己情緒表達的看法。得知其看法後，不要進行反駁，而是仔細想想自己的情緒表現哪些是他人喜歡的，哪些是他人討厭的。他人討厭的，要堅決改進；他人喜歡的，則適中表現。

其次，讓親朋好友給予自己提醒和評價，以讓自己了解情緒表達的過分之處，以便在日後更自然、適度地表達。

◆正視自己

如果不能正視自己的缺陷，只會讓自己不斷膨脹下去，導致心理異常越來越嚴重。因此，只有學會正視自己，才能做到揚長避短，才能更好地適應周圍的環境。

◆將計就計，進行藝術昇華

具有做作型人格的人大多擁有一定的藝術表演才能，所以不妨將計就計，讓他們進行藝術昇華，即將其興趣轉移到表演中。眾所周知，藝術表演都具有誇張的成分，演員常用自己的表情、語言來打動觀眾，所以，讓做作型人格者投身藝術表演中，也是有效的自我完善途徑。

◆藥物治療

雖然藥物並不能改變人格結構，卻能改善某些症狀，從而對治療產生輔助作用。

邊緣型人格：不受控制的情緒

週末，小潔跑到閨蜜那裡大吐苦水，她對閨蜜說：「我真是受夠我男友了！這次我一定要與他分手，他總是無緣無故地朝我發火，而且對我忽冷忽熱，有時候幾天不跟我聯絡，有時候則是『奪命連環Call』，把我的電話打到沒電。今天本來約好去外面吃飯，可是吃飯時竟然因為一句話就對我大發脾氣，而且還歇斯底里地與我爭吵不休，真是無法再與他相處下去了。」

閨蜜聽著她的抱怨不多說一句話，因為這種場景和話語她相當熟悉，小潔與她的男友經歷了無數次吵架、分手、和好的循環。她的男友常常會因為一件很小的事情而與小潔吵得不可開交，每次小潔都是怒氣沖沖地跑到閨蜜這裡抱怨不已。可是後來，小潔的男友不是道歉求饒，就是使用各種威脅的伎倆獲得小潔的原諒。前段時間，他們因為一點小事而吵得不可開交，當小潔提出分手時，對方竟然對小潔說，如果分手的話，他就會絕食，餓死自己。

正當閨蜜陷入回憶時，小潔的電話響了，她剛接起電話語氣就變得很著急：「你怎麼樣了？沒事吧？現在在哪裡呢？」電話掛斷後，小潔對閨蜜說：「我男友出車禍了，現在在醫院呢，妳陪我過去看看吧！我心裡真是放心不下他，他說他此刻非常需要我。」閨蜜只好陪著小潔去了醫院。

可是到了醫院，她們卻發現對方根本沒有多大的問題，只是手臂上有幾道傷痕。小潔的男友見到小潔，立刻雙膝跪在地上說：「小潔，請妳不要離開我，我不能沒有妳，都是我的錯，是我不該小題大做。如果妳離開我，我寧願被車撞死。」小潔聽後，立刻關心地詢問對方有沒有不適。在確定男友沒事後，兩個人手挽手回家了。

後來閨蜜才知道，小潔的男友為了挽回小潔，竟然在家中用水果刀劃傷自己的手臂，再謊稱發生了車禍。

案例中的小潔男友屬於邊緣型人格障礙（borderline personality disorder, BPD），也被稱為情緒不穩定人格。它最大的特點就是不穩定，主要表現在情感、人際關係、自我形象幾方面：在情感上，邊緣型人格的人的情緒可能會有反覆劇烈起伏的情況，而且情緒轉化得非常快，就像突如其來的龍捲風；在人際關係上，這類人往往很難或是無法與其他人建立穩定且持續的親密關係，他們對別人忽冷忽熱，前一秒可能還對人熱情如火，後一秒則是冷淡得讓人受不了；在自我形象和自我認知上，邊緣型人格的人往往受到他們與其他人的親密關係的影響，他們常常會陷入極端的理想化和自我貶低：與親密的人在一起時，他們的自我評價很正常；可是一旦與親密的人分開，他們就會陷入自我厭惡中，認為自己一無是處。

心理學研究發現，邊緣型人格的人往往在童年或是少年時就具備了這類人格特徵，通常會有以下表現：

- 人際關係極其不穩定，總是在極端的理想化和自我貶低間變來變去；
- 長期感到精神空虛；
- 總是做出一些瘋狂的努力，以免自己被他人拋棄或是想像出來的被遺棄；
- 會出現潛在的自我毀滅的可能性，比如瘋狂駕駛、濫用藥物等；
- 會出現強烈的、難以控制的憤怒，比如常常發脾氣等；
- 會反覆出現威脅或是自傷、自殺等行為；
- 因為心境變化而導致情緒不穩定，比如由於情緒低落而焦慮發作，但只會持續數個小時，很少會達到幾天；
- 自我形象或是自我感覺有顯著的不穩定性。

而在臨床上，心理學專家總結發現，邊緣型人格的人會出現以下幾種症狀：

◆具有「分裂」能力

所謂的分裂，是指患者在判斷和分類時只會用黑白兩面來看待一切。他們的世界就像是小孩子的世界，將所有的人或事都一分為二，無法將不同的情感整合在一起。尤其是對於自己的親人和愛人，有時候他們看對方是非常完美的，有時候則會看成一無是處。所以，邊緣型人格者的情緒狀態是單一的，分裂往往是人們防禦焦慮心理的一種反應。

◆不具備維持界線的能力

這裡的界線可以是實際存在的，也可以是心理上的。可是對於邊緣型人格者而言，他們往往視這些界線為不存在，並且會侵入他人的界線。所以，當與這類人交往時，其他人會感覺對方總是在故意激怒自己。

◆不具備控制情緒的能力

對於邊緣型人格者來說，如果不讓自己的情緒影響其他人或是不用衝動的行為來釋放這種情緒，就很難將這種情緒宣洩出來。所以，當他們遇到傷心的事情，他們有可能會去喝酒或是暴飲暴食等。

那麼，邊緣型人格是如何形成的呢？心理學專家表示，雖然這類人格障礙產生的原因與基因、腦區異常有關，但這種病並不是與生俱來的，原因可能有以下兩點：

◆幼年創傷

有研究發現，有些人之所以形成邊緣型人格障礙，可能是有幼年時期被父母家暴或是被陌生人性侵等經歷。比如：案例中提及的小潔男友就有幼年創傷，在他很小的時候父母就離異了，他與父親一起生活，而喜歡酗酒的父親一旦喝醉酒就會對他拳打腳踢。

◆與家人或是主要撫養者分離

心理學家經過研究發現，大多數邊緣型人格者在童年時都遭遇過與家人或是主要撫養者分離的情況。在本來應該與父母建立依戀關係的階段，他們卻經歷著孤獨和被拋棄，所以，這讓他們感到異常恐懼。而在成年後，他們會為了避免被拋棄而做出任何事情。

有心理學家曾這樣描述邊緣型人格：「邊緣型人格障礙患者就像一個身上百分之九十的面積被重度燒傷的人，他們的情緒沒有皮膚保護，輕輕的一個觸碰就會引發極大的痛苦。」因此，這類人想要得到緩解和治療，就需要重建自己的「皮膚」，學會疏導自己的情緒。那麼，具體應該怎樣做呢？對此，有專家提出以下幾點建議：

◆為邊緣型人格者提供穩定感

對於這類人來說，他們非常渴求穩定的關係。由於幼年的創傷導致他們沒能形成穩定的人際關係，在成年後即使非常渴望穩定感，卻不知道如何去做。因此，對於他們來說，願意陪伴並與其一起面對不穩定的情緒、懂得保護其邊界而又不拋棄他們的人，是相當重要的。

不妨建議他們去接受專業的心理諮商，因為與朋友相比，諮商師接受過專業的訓練，能夠保持穩定的關係，以幫助其矯正人格障礙。

◆不要責怪他們

對於邊緣型人格者來說，他們對自己的性格會產生強烈的自責感，這與一般的自責有很大的不同，他們總是認為自己生下來就是一個「錯誤」。由於這種自責已經很難改正，所以不要再責怪他們，他們比任何人都希望自己更快地好起來。

◆堅持自己的邊界

想要幫助邊緣型人格者，堅持自己的邊界是前提之一。由於他們總是會以各種方式來挑戰並試圖突破他人的邊界，並且想要操控他人，所以，我們此時要堅守好自己的邊界，用溫和的方式向其傳遞這樣的資訊：雖然我不能答應你的要求，但並不是拋棄了你。

第6章

成癮的癖好：無法抑制的依賴

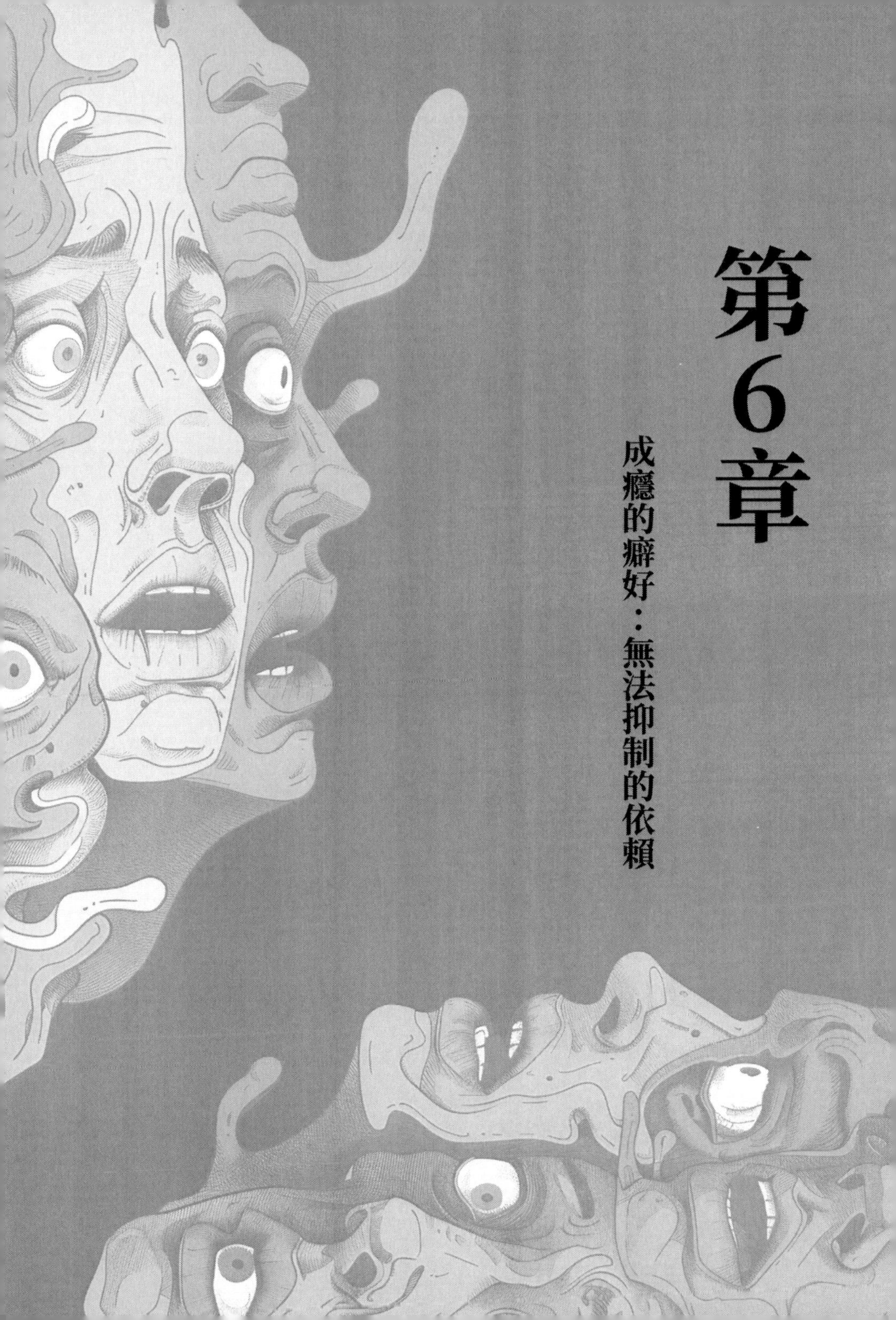

網癮癖好：不可小覷的「電子海洛因」

志明是一個品學兼優的國中生，一直以來，他都是一個讓父母放心的孩子，不需要父母的督促就能按時完成作業，並且做好第二天功課的預習。因此，老師經常對他讚不絕口。讓人意想不到的是，自從志明進入國三後，他的變化讓所有人都吃驚不已。

他每天看起來都沒有精神，而且常常在課堂上睡覺，無法準確地回答老師的問題；無法按時完成老師安排的作業，考試也開始出現不及格的現象；只要放學的鈴聲一響，他總是急匆匆地跑出教室；他原來積極地號召同學參加足球隊，並帶著他們訓練，而如今的他幾乎不再參加訓練，同學都看不到他的影子；他經常會因為一點小事而與同學發生爭執，有時候還會與他人打架。

當老師發現他的異常變化後，多次找志明談話。可是面對老師的諄諄教誨，他卻不為所動，反應相當漠然，依然是我行我素，這讓老師很無奈，只好聯絡他的父母，想與他們一起了解志明的情況。志明的父母這才想起來，在整個暑假裡，志明天天都去網咖，本以為他是上網查資料，所以就沒有過問他。此時，老師明白志明可能沉迷於線上遊戲。

在一次放學後，老師發現志明出了校門後徑直朝著學校附近的一間網咖走去。於是，老師便跟隨在他身後，看他到底被什麼樣的遊戲所吸引。當老師進入網咖時發現，志明正在玩一款非常暴力而血腥的遊戲，而且嘴裡時不時地說著髒話。這讓老師相當震驚，看著眼前滿嘴髒話的少年，很難與之前品學兼優的學生聯想在一起。

隨後，老師和父母都對志明進行了一番苦口婆心的勸導，可是他卻油鹽不進，誰的話也不聽。最後，志明國三還沒有上完就輟學了，每天都混跡於網咖，有時候甚至因為上網而不吃飯。父母為此非常著急，卻不知道該怎麼辦。

其實，像志明這種情況就屬於網路成癮，這種網癮癖好又被稱為網路過度使用症，是指由於長時間沉迷於網路，對其他事情都沒有興趣，從而對身心健康造成損害的一種行為障礙。據調查發現，十二到十八歲的青少年是網癮的高發人群，而且以男性居多，男女的比例是二比一。

心理學家研究發現，對於處在這個階段的青少年來說，他們的大腦皮層發育不完善，甄別判斷能力比較差，自制能力也很差，再加上他們正處於青春期，有著很強的叛逆心理，對新鮮的事物總是充滿好奇心，喜歡追求刺激，以滿足他們的心理需求。而網路的出現，比如線上遊戲、聊天室等，正好滿足了青少年的心理需求，自然就會導致他們網路成癮，所以，很多人都將網遊稱為「電子海洛因」。

如今，隨著網路的普及和覆蓋，上網的群體日益擴大，而有些人由於長時間地面對電子產品，導致他們的身體和心理悄然地發生改變：眼睛痠痛、大腦昏昏沉沉、睡眠品質下降、記憶力減退等；還有人一旦發現網路訊號不好或是斷網就會焦慮不安、無所適從等。心理學專家表示，一般來說，網路成癮的人會出現以下幾種症狀：

- 睡眠品質差，沒有週期性，並且經常會出現失眠、頭痛等症狀；
- 平時對什麼事情都提不起興致，眼睛無神，但是一看到電腦就會兩眼發光；
- 經常會感到噁心、沒有食慾、消化不良等，從而造成體重急劇下降或是上升；
- 對人非常冷漠，情緒常常處於低落的狀態，沒有時間觀念；
- 總是無法抑制自己上網的衝動，在大腦中常常會出現與網路有關的事情；
- 上網時間總是比預期的時間要長，只有花更多的時間在網路上，才會獲得心理上的滿足；
- 會因為上網而影響課業、生活以及人際關係等；
- 注意力無法集中，記憶力發生減退的現象；
- 上網的目的是逃避現實、緩解內心的焦慮。

那麼，網路成癮的癖好是如何形成的呢？有心理學家研究發現，大多數網癮患者都有一個共性：逃避現實、缺乏生活目標和毅力。其實，形成網癮癖好的原因有很多，主要包括以下幾個方面：

◆生理和心理方面的原因

心理學家研究發現，網癮的高發人群是青少年族群，而這個階段的孩子正處於青春期，有很強的叛逆心理，自制能力比較差，對新鮮事物有強烈的好奇心。另外，有些青少年由於學業失敗而缺乏自信、內心感到空虛，為了滿足他們的內心需求，就會逃避現實，選擇在虛擬的網路中找到失去的自我和滿足感，久而久之，自然就會網路成癮。

◆家庭方面的原因

不良的家庭教育是青少年網路成癮的重要因素，一方面是由於很多父母工作忙，沒有時間照顧孩子或是父母也沉迷網路，導致孩子產生上網的欲望；另一方面是當父母發現孩子染上網癮後，就對其打罵或是放棄對孩子的教育，最終導致他們錯過了戒除網癮的最佳時機，從而毀了孩子的學業。

◆社會環境的原因

隨著網路的普及、網咖的出現、網路遊戲以及有趣的聊天工具不斷被開發等，滿足了青少年的心理需求，而他們的意志力比較薄弱，喜歡群體活動，看到其他人上網玩遊戲，就會爭相效仿。所以，社會環境對青少年形成網癮有著非常密切的關係。

心理學家經過研究發現，網癮屬於一種新型的心理障礙，是心理障礙一種更深層的表現。大多數成癮者對網路有著強烈的依賴性，並成為他們不可或缺的生活內容。如果無法上網，他們就會變得焦躁不安，甚至會情緒失控，不僅對學業造成影響，還會損害身心健康，導致各種疾病的產生。所以，網癮需要及時診斷、治療。那麼，如何戒掉網癮呢？心理學家給出以下幾點建議：

◆與孩子協商，培養其他的興趣愛好

對於成癮的青少年，父母不要嚴厲地指責和說教，而是應該像朋友那樣與孩子進行協商，讓他們明白讀書是首要的任務。同時，向他們指出網癮的危害，比如荒廢學業、浪費時間、疏遠親情和友情等。再者，家長也要與老師積極配合。

另外，多培養他們的興趣愛好，以豐富和充實他們的精神生活，用其他愛好來代替上網，比如帶著孩子去旅行、打球等。

◆制定計畫

父母可以在協商後與孩子制定兩個月的計畫，讓其逐步減少上網的時間，從而達到偶爾上網或是不上網。比如：從原來每天沉迷網路八個小時，在第一週時減少至六個小時，到第二週則減少至四個小時，以此類推。如果網癮者能夠按照計畫來執行就給予獎勵，做不到則懲罰，但不可以對他們進行責罵和體罰，而是將其最喜歡的食物或是活動減量，比如不給他們愛吃的巧克力或是不讓其看喜歡的電視節目等。這樣，在兩個月內就會漸漸消除網癮。

◆採用厭惡療法

可以在有網癮的孩子手腕上戴一個橡皮筋，當他們有上網的欲望時就立刻用手拉放橡皮筋，從而產生疼痛感，以此轉移並壓制其上網的欲望。在拉放橡皮筋的同時，讓孩子提醒自己網癮的危害。另外，父母要培養孩子的意志力，讓其憑藉意志力壓制上網的欲望。

菸癮癖好：被尼古丁「綁架」

李燕一家三口本來過得非常幸福美滿，李燕的丈夫是一個生意人，自己是一名銀行職員，而女兒正在上大學。可是，沒過多久，這份和諧美滿就被打破了，起因是丈夫喜歡上了抽菸。

由於丈夫是做生意的，避免不了參加各種飯局，而在飯局中少不了他人遞過來的菸。慢慢地，丈夫從偶爾抽上一支，到如今一天就要抽好幾支、十幾支，不僅在外面抽，在家中也是如此，每天房間中都是煙霧繚繞，滿滿的煙味。在此期間，李燕雖然反覆勸說丈夫要戒掉菸癮，但丈夫總是嘴上答應，行為上依然故我，而且菸癮變得越來越大，有時候竟然一天抽一兩包。

在丈夫抽菸的第五個年頭，丈夫在一次體檢中被查出肺鱗癌晚期，雖然進出各個醫院治療，但都沒有治好。半年之後，丈夫不幸去世了，這讓李燕傷心欲絕。在料理完後事之後，李燕總感覺自己渾身無力，而且經常會咳嗽，每次咳嗽都有濃痰，並帶血絲。起初，她以為是自己這段時間太過操勞和傷心過度導致的，所以也沒有放在心上。

可是沒過多久，她的身體變得病懨懨的，女兒發現這個情況，立刻帶著她去醫院檢查，經檢查得知，她也患上了肺鱗癌。不過，值得慶幸的是，她的情況屬於初期，由於發現得早，只要及時治療，就能控制住癌細胞的擴散。於是，李燕按照醫師的囑咐按時治療和吃藥。本以為之後就會雨過天晴，可是不幸的事再次發生了。女兒在一次健檢中也查出了肺部有異常，後來經過反覆檢查得知是小細胞肺癌，這種癌細胞在身體中轉移得更快，而且惡性程度比較高。隨後，女兒也開始接受治療。

為何李燕與女兒都會患有癌症呢？原來，由於她的丈夫嗜菸如命，菸癮非常大，每天會抽上一兩包菸，導致她和女兒常常被動地吸入二手菸。醫學研究人員表示，吸菸、二手菸與肺鱗癌、小細胞肺癌有著非常密切的關係。據調查發現，這家醫院每年會有七百多例肺癌患者，而鱗癌、小細胞癌的比率占到了百分之七十五，在這些人中，大概有百分之九十三的人存在長期吸菸、被動吸菸的情況。

有專家指出，吸菸不僅會造成室內的空氣汙染，還會產生二手菸，也被稱為「強迫吸菸」、「間接吸菸」。被動吸菸者罹患肺癌的危險性也在逐漸增加。所以，二手菸是大家最為厭煩的，在公共場所，看到他人毫無顧忌地抽菸往往會引起很多人的反感。

眾所周知，吸菸有害健康，可是即使如此，還是有不少人嗜菸如命。由於長期吸菸，菸中所含有的尼古丁成癮，從而造成人體對菸產生依賴性，最終導致人們患有肺癌等多種疾病。所以，菸癮也被稱為尼古丁上癮症或尼古丁依賴症，還有心理學家形象地稱菸癮是被尼古丁「綁架」。

的確，尼古丁也是一種毒品，就像海洛因。有專家指出，吸菸是死亡的加速器。不僅案例中李燕的丈夫因為嗜菸如命而最終患肺癌去世，中國著名的文學家魯迅也是由於長期抽菸而過世。魯迅的菸癮是非常大的，每天要抽三十到四十支。與他接觸過的人都表示，他菸不離口。他的伴侶許廣平曾說：「時刻不停，一支完了又一支，不大用得著洋火，那不到半寸的餘菸就可以繼續引火，所以每天只要看著地下的菸灰、菸尾的多少就可以窺測他一天在家的時候多呢，還是外出了。」

魯迅先生因為長期抽菸而導致肺部出現各種病症，雖然醫師多次勸他戒菸，但都沒有成功。最終，他因為肺結核而去世，死亡的主要原因是長期吸菸，而他去世時年僅五十五歲。

到底菸有什麼樣的吸引力，讓很多人冒著生命危險來吸呢？心理學家分析，這主要是由於菸草中含有尼古丁，當吸菸者吸菸後，尼古丁就會進入體內，肺部會吸收九成的尼古丁，而四分之一的尼古丁在短短的幾秒鐘內就會進入大腦，從而讓吸菸者釋放出多巴胺，產生快樂的感受。所以，很多吸菸者在抽完菸後都會感到疲勞消失、精神振作等。

可是，如果長期吸菸，身體就會對尼古丁產生耐受性，當體內的尼古丁濃度下降到一定的水準後，吸菸者就不再有那種快樂的體驗。此時，他們會對菸產生強烈的渴望。如果突然停吸或是減少吸菸的數量，在二十四小時內就會出現菸癮的症狀：煩躁不安、精神難以集中、頭暈、失眠、胃腸功能失調等。

另外，很多吸菸者對菸草在心理上產生一種依賴，認為吸菸能夠發揮提神醒腦、解除疲勞等功能，所以會導致他們的菸癮越來越大，欲罷不能。

據調查發現，導致人們吸菸的主要原因有：社交的需求，比如案例中李燕的丈夫正是因為社交需求而吸菸，最終菸癮越來越大；工作太累，經常熬夜處理事情，認為吸菸能夠放鬆、提神；朋友、家人等影響，看到他人吸菸後，在好奇心的驅使下，自己也會吸菸，並越來越上癮。

不過，菸癮的癖好與毒癮的成癮性是不同的，前者完全是可以戒掉的，關鍵是要從心理上戒除對菸草的依賴，這種心理依賴會導致吸菸者產生一種行為依賴，使得他們感到戒菸相當困難，最終在無形中增加了戒菸的難度。那麼，如何戒除菸癮的癖好呢？有專家總結出以下幾種方法：

◆正確認識吸菸的利與弊

心理學家表示，很多吸菸者之所以多次戒菸都沒有成功，往往是因為他們將戒菸當成天下第一難的事情。其實，只要正確認識吸菸的利與弊，就能逐漸戒除菸癮。

比如：對於吸菸者來說，他們會認為吸菸能夠緩解疲勞、壓力等，並且能夠安撫焦躁的情緒，獲得某種快感。正是因為這些好處，讓很多嗜菸者戒不掉菸癮。所以，應該讓他們了解吸菸的危害，包括對身體造成的巨大影響和損害。

◆為戒斷反應做好周密的準備

停止吸菸會導致身體和心理產生戒斷反應，而這種反應會讓吸菸者感到痛苦，從而復吸。對此，心理學家指出，在戒菸之前要為戒斷反應做好周密的準備。比如：制定計畫，按照計畫逐步減少吸菸量，例如三週之內打破身體的戒斷反應，三個月內度過心理依賴期，最後，徹底與菸草告別。因此，戒菸不能心急，而是規劃好時間和計畫，逐步消除戒斷症狀。

◆遠離香菸的誘惑

當戒菸取得成功後，最為關鍵的就是能否堅決地遠離香菸的誘惑。有專家研究發現，很多吸菸者雖然成功戒除菸癮，但看到他人吸菸後，心裡就會發癢，別人遞菸過來後，他們會不由自主地接上，從而前功盡棄。所以，遠離並拒絕香菸的誘惑，才能成功地克服心理戒斷反應。

對此，專家建議，吸菸者想要戒除菸癮癖好，當他人遞來香菸時，要做到婉言拒絕，也不要讓他人在自己面前吸菸；將自己的戒菸理由寫在小紙條上，比如為了自己、家人的健康、省錢等，並隨身攜帶小紙條，當菸癮上來時拿出來提醒和告誡自己；多做一些有意義的活動，比如跑步、游泳等，從而少花心思在香菸上。

酒癮癖好：借酒澆愁愁更愁

斌斌是做市場行銷的，每天都要和不同的人打交道，所以避免不了各種飯局、酒局。起初，他只是喝少量的酒，一兩瓶啤酒或是一兩杯白酒就是極限了，而且對酒也沒有那麼痴迷。可是後來，他發現如果在飯局中自己不能喝的話，接下來的話題將很難進行下去，而且有些客戶會認為，不喝酒就不給他們面子。所以，斌斌的酒量變得越來越大，一場飯局下來，他能喝二三十瓶啤酒或是一瓶白酒。

漸漸地，斌斌將喝酒當成了一種習慣，如果一天不喝酒，他就感到渾身不舒服。除了飯局外，斌斌一個人吃飯時，酒也成了他的必需品，不喝的話總感覺心裡少點什麼。不過，萬幸的是，斌斌在喝醉後不會發酒瘋，每次喝多了，他都是倒頭就睡。即使如此，他的妻子還是擔心他因為過量飲酒而損害身體，所以經常勸說他少喝一些，可是斌斌卻聽不進去，依然喝個不停。

幾年過後，妻子發現斌斌的脾氣變得越來越古怪，稍有不滿就會亂發脾氣，經常與妻子發生爭吵。不僅如此，在最近一次的健檢中，斌斌被檢查出肝衰竭。當醫師得知他嗜酒如命後，就要求他盡快戒酒，否則酒精會對身體造成更大的傷害。可是斌斌卻聽不進去，依然我行我素。

有一次，斌斌又與客戶喝酒，喝得酩酊大醉，回到家中他倒頭就睡。就在後半夜，斌斌突然消化道出血，妻子嚇壞了，趕緊撥打了急救電話，將丈夫送到醫院。經醫師檢查發現，斌斌長期過量飲酒導致中樞神經系統中毒，所以出現了精神障礙。另外，由於長期過量飲酒，他的性格也發生了改變，斌斌經常會出現狂躁不安、偏執等現象。

酒癮又被稱為酒精依賴，這種嗜酒的癖好之所以會發生，是受遺傳因素和環境因素共同作用的結果。對於有酒精依賴性的人而言，他們會有不可逆的內臟功能障礙和智力損傷。在日常生活中，我們會發現有些人只要吃飯就少不了酒，有些人甚至到了「飯可以不吃，酒不能不喝」的地步。最後，這些人的酒量雖然越來越大，身體卻越來越差，如果哪天不喝酒他們就會感到身體很不舒服，只有喝了酒才會讓自己安心。其實，這種表現就是酒精成癮。

心理學家研究發現，當飲酒者對酒成癮後，每次喝酒時都難以控制自己的情緒，而且身體也會發生很大的變化，比如肝臟功能受損、喝酒時手易抖動、出現幻視幻聽等。如果長年有酒癮的話，還會導致飲酒者患有脂肪肝，而這種脂肪肝會演變為酒精性肝炎，再惡化為肝硬化。

另外，有酒癮的人身體還會出現多種疾病，比如食道出血、胃癌等消化系統疾病；

還會導致造血功能發生異常，使得免疫力下降，從而加重肺部感染，甚至會出現敗血症；如果長期飲酒過量，則會因為醉酒而造成腦損傷，還會導致嚴重的後遺症；如果是青少年有酒癮，由於他們的腦部還處於發育階段，則會影響他們的記憶力，對腦功能也會產生影響。

除此之外，長期過量飲酒還會使得男性生殖腺的功能降低，不僅會導致受精變得困難，而且會導致精子中的染色體異常，從而造成胎兒發育不良或是畸形，抑或是對胎兒的性格造成影響。在嬰兒出生後，他們的智力會較正常的低，而且喜歡哭鬧，這都是酒精依賴造成的遺傳因素影響。因此，對於備孕的男性來說，一定要將酒戒掉。而酒精對於女性的傷害也是相當大的。如果女性在經期過量飲酒，會導致肝損害，由於經期體內缺少分解酶，會使女性醉酒的時間更長。

那麼酒癮是如何形成的呢?專家經過研究發現，主要有以下幾方面的原因：

◆遺傳方面的原因

醫學研究顯示，嗜酒的癖好與編碼血清素的遺傳基因缺陷有重要的關係。科學家透過動物實驗研究發現，長期過量飲酒會導致機體形成一種反應模式，一旦停止飲酒就會使其中斷，從而產生思覺失調，只有再次飲酒，這種症狀才會消失。另外，研究人員發現，嗜酒者的子女與不嗜酒者的子女相比，酒精中毒發生率要高出四五倍。

◆年齡原因

美國科研人員發現，飲酒的時間越早，即年紀越小，以後對酒精產生依賴的可能性就越大。

◆心理原因

心理學家經過研究發現，情緒處於憂鬱的狀態是酒精依賴發生的重要原因。由於飲酒能夠緩解現實困難和心理矛盾而引起的焦慮，所以，很多人都會借酒澆愁。一般來說，嗜酒者的心理特徵有：容易生悶氣、以自我為中心、缺乏自尊心、有反社會傾向等。

比如：有些人在面對困難、挫折等問題時，就會採用「借酒澆愁」的方式來排遣內心的苦悶。他們總是認為暫時無法解決的難題，只要喝酒就會很快煙消雲散。殊不知，借酒澆愁愁更愁。

◆社會原因

心理學家研究發現，酒精依賴與社會環境也有很大的關係。據調查發現，長期生活在氣候陰冷地區的人或從事重度體力勞動的人，他們的酒精依賴的患病率最高，飲酒的原因大多是與同事、家人一起喝或是緩解身體上的勞累，抑或是透過飲酒來幫助睡眠等。如果是在工作環境中，自己的職位比較低或是基於工作需求，也會產生酒精依賴。比如案例中的斌斌就是因為工作需求而不得不喝酒，久而久之，就對酒精產生了依賴。

那麼，如何才能戒除酒癮呢？對此，有心理學家為我們提出以下幾點建議：

◆找到嗜酒者飲酒的根源

對於很多嗜酒的人來說，他們中有些人是為了應酬而喝，如案例中的斌斌；有些人是為了緩解內心的焦慮而喝；有些人則是為了治療失眠而喝。由於嗜酒的原因不同，所以想要幫助嗜酒者戒除酒癮就要找到導致他們飲酒的根源，即找到其心理癥結，才能更好地解決問題。

◆改變飲酒習慣和減少飲酒量

很多嗜酒者由於長期飲酒，他們的身體和心理對酒精產生依賴，所以戒酒時身體和心理都感到極度的不適應。因此，要幫助他們改變飲酒習慣和減少飲酒量。

比如與朋友見面時不去酒吧，而是去咖啡廳等；之前的酒友盡量少接觸，以避開這種誘惑；減少飲酒量，從原來每天飲大量的酒到現在只喝一小杯，如果能堅持下來，再嘗試每週有兩三天的「無酒日」。

◆多關注飲酒的危害

在戒酒時，嗜酒者可以多關注酒對身心造成的危害等相關知識。比如多看一些關於過量飲酒的文章、影片等，從思想上重視酒精的害處，端正自己的態度才能成功戒酒。如果產生飲酒的欲望，嗜酒者可以冷靜回憶一下過量飲酒的危害：身體受到各種疾病的折磨、家人的百般擔心等，飲酒的欲望就會逐漸消退。

◆開展有益身心的休閒娛樂活動

比如運動、旅行等活動來分散注意力，這樣不僅能夠避免嗜酒者找酒喝，而且還能培養他們新的興趣愛好。

◆家人的陪伴和關心

很多嗜酒者雖然戒掉了對酒的癖好，但常常會戒了又喝，從而受到家人的譏諷，嘲笑對方沒有毅力。因此，嗜酒者要想成功戒酒，往往離不開家人的陪伴和關心，只有不斷地對其給予鼓勵和關懷，才能讓他們有信心和決心戒除酒癮。

◆正確地飲酒

有專家建議，如果想要喝酒不上癮，就需要正確地飲酒。比如不要空腹喝酒，飲酒前吃一些東西，以免酒精刺激胃黏膜。飲酒時慢慢喝，不要一口灌下，以讓身體有時間分解體內的乙醇。如果喝的是白酒，多喝一些白開水，以讓酒精盡快地隨尿排出體外；如果喝的是啤酒，要多去廁所；如果喝的是烈酒，則在裡面加入冰塊。喝酒時多吃一些深綠色蔬菜，因為這些蔬菜中含有維他命和抗氧化劑，能保護肝臟，或是在喝酒時多吃一些豬肝等動物肝臟，能夠提高機體對乙醇的分解能力。

賭癮癖好：無法擺脫的賭博惡習

阿默四十多歲了，是一家公司的老闆，這家公司是他一手創辦的。可是最近幾年，由於市場不景氣，公司的經濟效益也越來越差。但阿默不想就此放棄，他不想讓自己苦心經營的公司就這麼毀於一旦，所以他四處借錢以維持公司的運營。可惜公司最後還是以破產告終，這讓他變得異常沮喪和頹廢，整日待在家中不出門。

而阿默的妻子則經營著一家餐廳，當丈夫的公司破產後，她一面鼓勵著丈夫重新振作起來，一面努力地經營著餐廳，以將丈夫所借的債務還清。終於，在妻子的一番努力下，丈夫所欠的債務慢慢還清了。因此，很多人都稱讚阿默的妻子，說她太能幹了，竟然靠著自己一個人幫助丈夫度過了難關。每當阿默聽到這樣的話，他的自尊心就受到了打擊，心理也漸漸失衡。

於是，阿默開始喜歡上賭博。起初，他只是與社區附近的人小賭一下，可是慢慢地他的賭資和賭癮變得越來越大，動輒就是幾千幾萬，這讓他們剛剛好起來的生活又變得舉步維艱。妻子每次勸他不要賭時，他都說「下次一定能雙倍贏回來的」，而且他認為只有賭博贏了錢，自己才能讓別人看得起，才不會繼續依靠妻子。但是，他總是輸的次數多於贏的次數。

為了替自己籌集更多的賭資，阿默開始打妻子經營的餐廳的主意。有一次，妻子外出進貨時，他竟然偷偷地將餐廳轉讓了出去。妻子回來發現苦心經營的餐廳已經易主，讓她傷心欲絕。而阿默卻拿著轉讓的錢全部扔在賭桌上。結果可想而知，他輸了個精光。之後，他又開始借錢去賭。

妻子對阿默徹底失望了，她提出了離婚。即使如此，阿默依然賭性不改，每日借錢流連於賭桌。後來，與妻子離婚的阿默為了躲避他人的債務也不敢回家，過年過節都是如此，家中的老母親天天為他擔心不已。

心理學家表示，賭癮是一種心理疾病，這種賭癮癖好在嚴重時還會出現病態性賭博症(pathological gambling)，是一種無法停止賭博的病態表現。它如同吸毒般，讓人難以戒除。經常會有媒體報導，有些賭徒為了戒賭而剁下自己的手指，以表示自己戒賭的決心，結果卻是傷口還未癒合，他們又會現身於賭場，可見賭癮的頑固。

研究顯示，大多數有賭癮的人是心理不成熟或是心理有缺陷，抑或是容易對某些物質或活動上癮。一般來說，他們會出現嚴重的財務、家庭等問題。

美國一項研究顯示，成年人患上病態性賭博症的比率從百分之零點四至百分之三點四不等，而且男性比女性更易患上此症。

法國有句諺語說得好：「賭徒的錢包上沒有鎖。」的確，對於很多賭徒來說，他們常常抱著僥倖心態進入賭場，但往往是十賭九輸，逢賭必輸，最後走出賭場時什麼也沒有了。

心理學家經過研究發現，人在賭博時大腦中會產生一種叫內啡肽（endorphins）的物質，這種物質會讓人產生一種愉悅感，並讓人對賭博逐漸產生依賴感，從而讓人上癮。當一個人嗜賭成性越來越嚴重時，大腦中分泌出的內啡肽就會越來越多，猶如吸毒那樣。所以，很多賭徒在輸錢後心情會變得特別差，但只要開始賭博，他們就會變得異常興奮。如果讓他們停止賭博或是一段時間不賭，就會表現出焦慮、煩躁不安、身體無力、失眠等症狀。

不僅如此，賭博成癮的人還容易患有思覺失調和心腦血管疾病。他們在贏利和快感的誘惑下無法看清事物的本來面目，內心完全被賭博欲望占據。在賭場中，他們異常興奮，但在生活中，他們卻相當孤僻，久而久之，很容易患有思覺失調和解離性身分障礙（dissociative identity disorder, DID）。另外，由於他們在賭博時精神高度集中和緊張，而賭博也會帶來焦慮、衝突等情緒，導致其血壓升高、心律不齊等，長期如此，則會誘發心腦血管心病。

有心理學家表示，賭癮也屬於衝動控制障礙之一，對於病態性賭博者來說，他們對賭博充滿了嚮往和衝動，不僅會讓其放棄正常的社交活動，而且對家人漠不關心，從而導致家庭失和；賭博還容易讓人產生貪欲，形成好逸惡勞、投機僥倖等心理。

有些賭癮者為了籌措賭資可能還會盜竊，從而走上違法犯罪的道路。一般來說，賭癮者不會產生自殺行為，但如果債臺高築，並且與家人矛盾激化，也可能促使他們走上絕路。

賭博為什麼會成癮呢？有心理學家經過研究總結出以下幾個方面的原因：

◆逃避現實

對於一些賭博者來說，當他們剛開始賭博時往往是為了逃避自己過去的挫折或是壓力以及家庭、社會問題等，賭博是為了麻醉自己。比如案例中的阿默就是透過賭博來逃避現實，從而對賭博越來越上癮。

◆反向心理

心理學家研究發現，大多數的青少年之所以患上賭癮，最重要的原因之一就是反向心理，即大人越讓他們做的事情，他們就越不做；而大人越不讓他們做的事情，他們反而越想做。正是由於這種反向心理，當大人三令五申不讓其賭博時，他們就會去賭，漸漸地，他們就會對賭越來越上癮。

◆追求刺激

在日常生活中，有些人總是要追求一定的刺激才能維持心理平衡，而刺激的大小往往與個人的素養和個性有關。對於追求刺激的賭博者來說，賭注和贏利的差額越大，就越富有刺激性和冒險性。

◆扳本和續贏心理

對於一些賭博者來說，當他們輸掉一些賭資或是輸光賭本後，總會想著扳本，即將輸去的錢財贏回來。可是，他們往往是越輸越多，從而深陷其中，無法自拔；有些賭博者贏得興起，認為錢很好贏，自己會贏得越來越多，越來越得意，於是他們就會召集人員再進行賭博，慢慢地就賭博成癮了。

賭博特有的魔力會讓很多人失去理性，讓其行為失控，甚至會因為賭博而產生各種問題，比如家庭失和、債務纏身等。由於賭癮是一種心理疾病，所以它並不是無藥可救的，關鍵是要及時治療。對此，有心理學家總結出以下幾種方法：

◆正確認識賭癮

由於賭癮是一種無法控制的病態，所以要讓賭癮者意識到這一點，賭癮並不是一下子就能強制性戒除的，而是需要長期的努力。心理學家建議，要試著讓有賭癮者慢慢地減少賭注，減少賭博的時間，到最後成為小賭怡情，而不在意輸贏。

◆為賭癮者列出一份還債計畫

想要真正地幫助賭癮者戒賭，就讓他們清楚自己的賭債，並為其列出一份還債計畫。接著，讓他們意識到輸掉的錢財足可以買房、買車。因為很多賭癮者對金錢的意識非常淡薄，他們在豪賭時根本不會在意幾十萬元，面對賭債和還款時，他們才會有金錢意識。所以，在改變他們的觀念後，要告誡對方腳踏實地地努力賺錢，他們才會從根本上意識到賭博的危害，並主動戒賭。

◆對賭癮者有耐心，並給予其更多的關心

如果我們總是對賭癮者抱怨或是惡語相向，就會導致他們產生「破罐子破摔」的心理，從而產生一錯到底的想法。因此，心理學家建議，對賭癮者要有足夠的耐心，說話時注意自己的用詞，不要對他們冷嘲熱諷。尤其是家人，要用溫暖和關心來融化賭癮者的賭博心理的堅冰。當他們開始戒賭，恢復正常的生活和工作時，更要及時地給予他們鼓勵。另外，要多鼓勵他們參加一些有益身心的活動。比如與他們一起旅行、爬山等。

◆營造「無賭」的環境

當賭癮者戒賭後，多結交一些良友，遠離那些喜歡賭博的人，盡可能為自己營造一個「無賭」的環境；正在戒賭時，身上盡量不要帶錢，以免自己再拿錢去賭；轉移注意力，將時間花在一些有意義的活動中，比如練習書畫、做運動等。

股癮癖好：越陷越深的泥潭

曉光是一名銀行職員，工作一向認真負責。最近，他看到有同事在玩樂透，便出於好奇也買了一注，誰知竟然中了兩萬元，這讓他非常開心。於是，他準備用這兩萬元作為初始資金來炒股。剛剛進入股市，曉光還是比較謹慎的，因為他本身就是學金融的，也知道「股市有風險，投資需謹慎」。所以，他在炒股時提醒自己不要深陷其中。

經同事介紹，他對股票也有些了解，於是他鎖定一檔股票，很有信心地等待著結果。果然，曉光再次有所收穫，小賺了一筆。於是，他開心地請幾個關係不錯的同事吃飯。在飯桌上，同事得知曉光只是對股票略有了解就賺了不少，都不住地誇讚他道：「你真是太厲害了，難道你有炒股的天賦嗎？看來你可能是東方的『巴菲特』。」曉光聽了他人的恭維和讚揚，心中樂開了花，他認為自己可能真的有炒股的天分。

於是，曉光拿出一部分存款又購買了一檔股票，開始了自己的炒股之路。此時，曉光的一些朋友聽聞他在炒股票的過程中賺了一些錢，便向其「取經」。因此，他覺得自己好像成了炒股專家，便將自己的心得告訴其他朋友。在大家的稱讚中，曉光內心得到了極大的滿足。他早已將自己的那份謹慎拋之腦後，開始變得亢奮和熱血沸騰。當朋友讓他幫助自己買股票時，他拍著胸脯對他們說：「放心好了，包在我身上，准保大家能掙大錢。」

當曉光拿著朋友們的一百萬買了股票後，他內心充滿了期待，已經想像著自己和朋友們賺了錢出去遊玩的場景。可是，事情的發展並非他所預想的，他買的那支股跌了，結果，一百萬元賠了大半。這讓曉光非常震驚，但他不敢將這件事告訴朋友，只好將所有的積蓄都拿出來炒股，希望賺了之後再還給朋友。

之後，曉光在工作中變得心不在焉，做事也沒有以前那麼認真了，總是將大部分時間都花在看電腦和手機上，時刻關注股情，吃飯、上廁所都盯著股票看，也不與家人交流，對家人非常冷漠。當所買的股票稍微漲起來時，他就像中了樂透頭獎那樣興奮不已；當股票下跌時，他就會不由自主地心慌、冒冷汗，有時候他晚上會做噩夢，夢到自己所買的股票暴跌而嚇醒。

結果，曉光所買的股票真的暴跌了，他的積蓄也全部搭了進去。但此時的他並沒有就此甘休，他認為自己一定可以翻本，所以他四處借錢炒股。結果，他不僅沒有翻本，反而在炒股的泥潭中越陷越深，不僅積蓄沒了，而且由於在工作中常常出錯，他也被公司解僱了。甚至，他還欠了高額的外債。

此時的曉光懊悔不已，他對生活失去了信心。一天晚上，他偷偷地服用了大量的安眠藥，幸好家人及時發現，將他送進了醫院，才撿回一條命。

心理學家指出，股癮是一種心理障礙，這種癖好產生的根本原因是在炒股的過程中體驗到了某種快感。一九八〇年，美國心理學會發現，炒股成癮是一種衝動控制的失調，它在很多方面與界定酒癮、毒癮的標準有些相似。

對於有股癮的人來說，他們將所有的時間和精力都放在股市中，有時候去個廁所也要看兩眼。當大盤上漲時，他們就會覺得像自己中了一千萬那樣興奮。如果大盤暴跌，他們的心情也會隨之降到谷底，不由自主地出現心慌、冒冷汗，還會產生強烈的負面情緒，常常會因為夢到持有的股票暴跌而嚇醒。

如果是股癮比較嚴重的人，在他們眼中只有股票，對任何事情都提不起興致，而且對家人也相當冷漠，更不願去維護人際關係，也不喜歡與人溝通。如果是上班族，他們會冒著被罰款、辭退的風險，也要在上班期間研究股市；如果是學生，他們則是用自己的生活費來炒股，輸了之後就會向家長撒謊以騙取更多的錢；如果是老人，他們就會用自己的積蓄來炒，各種不良情緒會影響他們的身體健康。

很多有股癮的人都是收入不高、想要透過捷徑來賺錢，他們所用的錢都不是閒錢，一旦股市下跌，他們內心就會很難接受，出現各種問題，而他們又不甘心將自己的積蓄賠進去，就會借錢或是賣房等來翻盤。結果，投入的錢越多，輸得越多，就越難以自拔，最後在炒股的泥潭中越陷越深。

美國心理學家經過研究，為炒股成癮的人制定了八條診斷標準，如果符合其中五條或是五條以上，則可診斷為炒股成癮者：

- 投入的錢越來越多，以追求那種興奮感；
- 當控制炒股時就會表現出煩躁不安或是易怒的情緒；
- 經常將炒股作為逃避問題或是緩解焦慮、憂鬱等不良情緒的方式；
- 總是為了炒股而想方設法弄到錢，甚至會做一些違法的事情，比如偷盜等；
- 雖然曾經嘗試控制自己炒股或是不再炒股，但最後沒有獲得成功；
- 透過各種方式來騙取錢財，以緩解因為炒股而出現的經濟拮据問題；
- 因為炒股而導致人際關係變差，甚至失去工作、學習的機會；
- 在炒股輸了之後，總是迫切地希望能夠翻本。

心理學家研究發現，炒股成癮的原因相當複雜，主要有兩方面的原因：

◆沒有節制

很多喜歡炒股的人只要看到股票下跌就會往裡面投錢，想要翻本，雖然他們可能會賺，但大多數人輸得很慘，其主要原因就是沒有節制，不斷地加大投入，最終虧得精光。

◆一心想要贏利

一般來說，如果是一心想要贏利的人，贏利越大，其股癮就越大。一旦有了錢就不斷地賣出再買入，直到被套牢。

所以，有心理學家建議，心態不好的人最好不要炒股，因為它很容易讓人出現煩躁不安、焦慮、憂鬱等情緒，不僅容易上癮，還會誘發各種心理疾病。據調查發現，近幾年，股民患有強迫症和憂鬱症的數量在不斷地增加。有很多人對股票並不是很了解便進入了股市，由於在股市中定位不准，再加上不清楚自己的性格是否適合炒股，最終不僅損失很多錢財，還損害了身心健康。

那麼，如何才能消除股癮呢？對此，有專家給出以下幾點建議：

◆戒掉炒股的心癮

心理學家表示，炒股本來是一種投資行為，可是很多人卻將其當成一種投機行為，正是由於這種動機心理，導致很多股民深陷其中。所以，炒股成癮者想要戒除股癮，就要戒掉心癮，即端正自己的思想，不要做一夜暴富的美夢，更不要幻想自己就是巴菲特，不能指望炒股來發家致富，而是要靠自己的辛苦勞動才能獲得最可靠、最長久的利益，這樣才能有效地戒斷股癮。

◆合理控制炒股的資金

炒股的理念是用閒置的錢來做投資，如果將買房錢、養老錢等用作炒股，並抱著「不成功便成仁」的心態去炒股，注定是要失敗的。因此，心理學家建議，合理控制炒股的資金才是戒掉股癮最為重要的一步。當發現自己對炒股上癮時，即忍不住想要追加資金購買股票時，要及時將手中的資金放在家人那裡掌管，並讓家人監督自己，才能有所克制。沒有資金的投入，炒股的癮就會有所降低。

◆掌握股市知識，根據自己的財力來炒股

想要將炒股作為自己的一種投資理財的方式，就需要掌握一定的股市知識，並根據自己的財力和風險承擔能力去炒股。更要清楚地知道，股市並不是只賺不賠的，要保持平和的心態。另外，炒股時要記住，再好的股市也有疲軟的時候，所以，要謹記「股市有風險」，理性和冷靜地面對股市漲跌，才不會被利慾所驅使。

◆遠離股市

戒除股癮最為直接的方法就是不要炒股，即遠離股市、盡量減少看大盤的次數、不關注股市行情的相關消息等，將精力和重心轉移到生活和工作中。如果在戒除股癮期間想起

股市，不妨自我調整，可以透過培養自己的興趣愛好來轉移注意力，比如與家人或是朋友外出旅行、做運動等。另外，炒股成癮者的家人要給予他們關心和幫助，以幫助他們遠離股市，回到正常的生活和工作中。

第7章

兒童心理怪癖：孩子的心思讓人摸不透

黏人癖：分開如同生死離別

朵朵今年一歲了，平時的她非常乖巧懂事，不管是吃飯還是睡覺的時候都很安靜，從來不會向媽媽發脾氣，也不哭鬧。可是最近，媽媽卻發現朵朵似乎有些「叛逆」，變得越來越不聽話，而且還非常黏人。只要媽媽在身邊，她總是會不由自主地爬向媽媽，並讓媽媽抱著，雙手摟著媽媽的脖子，似乎非常擔心媽媽將她放下來。雖然有時候媽媽在家時，奶奶也抱著她，但只要媽媽離開朵朵的視線，她就會哭鬧不已。

有一天，媽媽將吃完奶的朵朵放在小床上，讓她玩玩具，自己則準備去收拾家務。可是，當媽媽剛一離開朵朵的小床，朵朵就「哇哇」大哭起來，一邊哭鬧著，一邊用她的小腳在床上亂蹬著。媽媽見此，只好折回來安撫她。可是安撫好之後，媽媽剛一轉身，朵朵又哭鬧起來，而且哭得更加厲害。幾次之後，媽媽只好一手抱著朵朵，一手忙著做其他事情。

還有一次，媽媽準備去上班，剛要出門，朵朵就撕心裂肺地哭了起來，嘴裡喊著「媽媽，媽媽」，兩隻手臂向著媽媽的方向伸去。即使奶奶將她抱到房間中，百般哄她，朵朵依然哭個不停，眼淚一直往下掉，如同與媽媽生離死別似的。聽到女兒這般痛心的哭聲，媽媽只好心疼得退了回來，最終向公司請了一天的假。

朵朵這種「黏人癖」被稱為分離焦慮（separation anxiety disorder, SAD）或是離別焦慮，是指幼兒由於與親人分離而引起的焦慮不安或是心情不悅的情緒反應。心理學家指出，這種現象是很正常的，是兒童最為常見的情緒問題，一般出現在孩子一歲之前，在一歲之後三歲之前這段時間往往達到巔峰。對於八個月大的孩子來說，他們會意識到自己和其他人是相互獨立的，當問他們爸爸媽媽在哪裡時，他們就會用手指出來。可是，這種新的認知能力往往會讓孩子感到焦慮。

對於寶寶來說，當他們能夠區別熟人與陌生人時，見到陌生人就會產生恐懼和逃避的反應，但是對於熟人，他們則會產生親密的依賴關係。比如很多孩子在玩耍時會用眼睛搜尋媽媽的身影，看到媽媽後，他們就會很開心；一旦媽媽不在他們的視線範圍內，他們就會變得有些茫然，當搜尋不到媽媽的身影時就會透過哭鬧、喊叫等來表達他們的焦慮情緒。

而對於即將上幼稚園的孩子來說，他們一旦與媽媽分開也會出現哭鬧不止的情況，不願入園。到了幼稚園後，即使不哭鬧了，也不會主動地與其他小朋友往來，甚至還會出現腹痛、噁心等症狀。

為什麼孩子會如此「黏」媽媽呢？對此，有心理學家總結出以下幾點原因：

◆家庭原因

經過研究發現，如果家長平時不嬌慣孩子，注重培養他們的獨立能力，並鼓勵孩子多探索新的環境和多結識新朋友，那麼，孩子的情緒問題就比較少。特別是孩子上幼稚園時有明顯的展現，即能否快速適應幼稚園的環境。可是，如果孩子受到父母的溺愛，他們就會有很長的適應期，甚至有些孩子會因為環境的變化而導致情緒和生理出問題，比如過分地哭鬧、做噩夢、腹瀉等。

◆性格和經驗

心理學家經過研究發現，性格外向且相對活潑的孩子往往要比那些性格內向且膽小的孩子更容易適應幼稚園的生活；之前與父母有分離經驗的孩子也比較容易適應幼稚園的生活。

◆環境原因

心理學家表示，很多幼兒從家庭生活進入幼稚園後，由於環境發生了很大的變化，內心很難適應，這種現象被稱為「心理斷奶」(psychological weaning)。

比如：孩子與成人的關係發生了改變，剛剛進入幼稚園，老師和同學都是陌生人，會讓他們產生不安全感，另外，很多幼兒在家中都有大人的關心和陪伴，而在幼稚園卻需要他們獨自玩耍，老師則要看管多個孩子，所以讓他們感到茫然失措。又如生活習慣的改變，在幼稚園中都有固定的吃飯、玩耍、睡覺時間，而在家中，孩子往往是比較隨意的。另外，幼稚園的飲食習慣也與家庭不一樣，有的孩子在家中習慣挑食、偏食等，在幼稚園中就會不願意吃某些食物。再如要求的改變，老師會要求孩子們獨立做一些事情，例如自己吃飯、穿衣等，這讓有些孩子感到壓力，內心就會覺得不適。

雖然對於孩子來說，分離焦慮是一種正常的心理現象，但如果情緒波動太大的話，則會對他們的成長產生不好的影響，也影響大人的心情，所以，父母們要學會緩解孩子的分離焦慮。那麼，如何來做呢？對此，有心理學家提出以下幾種方法：

◆父母主動克服自己的「焦慮」

如果想要幫助孩子擺脫焦慮，父母首先就要學會主動地克服自己內心的「焦慮」。很多父母一說到孩子的「黏人癖」就叫苦不迭，聽到孩子的哭聲就會心煩意亂。其實，父母應該試著調節一下自己的心態，孩子依戀父母是因為害怕分離，這也是成長過程中必須經歷的事情，這代表他們心理和情感發展是正常的。

因此，心理學家建議父母要幫助孩子建立安全感，即在孩子幼小時給予孩子更多的愛，讓其感到安全，比如營造和諧的家庭氛圍、讓孩子探索新的環境、鼓勵他們結交新的朋友等。

◆做好分離緩衝

在與孩子分開時，父母可對他們說出離開的時間、理由，讓他們心中有數，孩子也就不覺得分離的時間很長。同時，在與孩子分離時，父母要告訴孩子，其他看護人比如爺爺奶奶、幼稚園老師等也是很愛他們的，一樣會好好照顧他們。此時，其他看護者要與父母配合好，就會讓孩子相信父母所說的話，從而緩衝他們的情緒波動和心理震盪。

另外，當父母與孩子分離時，千萬不要表現出依依不捨的表情和神態，也不要一直回頭看孩子。否則，孩子就會覺察到這一點，了解父母的需求，從而讓他們受到「鼓勵」，情緒波動就會變大。

比如：案例中朵朵的媽媽從心理專家那裡了解孩子的情況後，她每次出門都會與朵朵商量「媽媽現在要去上班了，去賺錢了，如果寶寶不讓媽媽去的話，媽媽就沒有錢買好玩的玩具給朵朵了，也沒辦法買ㄋㄟㄋㄟ了」、「奶奶等一下就帶著朵朵去樓下找其他小朋友一起玩耍，妳喜歡的大姐姐也在那裡玩著呢」……媽媽與朵朵說完這些話後，奶奶就會適時地抱起朵朵，將朵朵帶到樓下找其他小朋友玩，同時還會告訴朵朵「媽媽很愛寶寶，下班後就會立刻回家與朵朵一起玩的」。漸漸地，朵朵與媽媽分開時不再哭鬧得那麼厲害了。

◆父母和老師相互配合以幫助孩子穩定入園的情緒

由於很多孩子剛剛進入幼稚園時會感到很陌生，而老師和幼稚園的環境對他們的心理產生很大的影響，特別是老師最為關鍵。因此，在孩子剛剛入園時，父母需要有意識地多帶孩子到幼稚園中，讓他們熟悉幼稚園環境和老師。同時，父母可以鼓勵孩子與其他小孩一起玩，並讓老師多抱抱他們，以熟悉老師的聲音。父母與老師相互配合，才能逐步穩定孩子的情緒，讓他們慢慢適應新的生活和環境。

◆幼稚園可以多舉辦一些內容豐富的遊戲活動

因為很多孩子天生就愛玩，正如一名教育學家所說的那樣：「小孩子是生來好動的，是以遊戲為生命的。」遊戲能夠緩解孩子內心的緊張狀態，也會給他們帶來很大的快樂。所以，當孩子入園時，學校和老師可以多開展一些新穎有趣的遊戲活動，以消除孩子與老師之間的陌生感和恐懼感，同時也能緩解他們的分離焦慮。

自閉症：走不進的內心

曉傑是一個三歲的孩子，由於爸爸媽媽工作比較忙，平時他都是由奶奶照顧的，也是由奶奶接送上幼稚園。自從曉傑會說話後，溝通交流非常少，雖然他到了兩歲多才會說話，也只是會說簡單的詞句。但家人並沒有在意，認為可能是孩子發育比較遲緩或是性格比較內向的原因。

最近，幼稚園老師反映曉傑在學校中總是喜歡一個人在角落發呆，也不主動與其他孩子一起玩耍，當老師詢問曉傑問題時，他也不理睬老師。奶奶聽了，不以為意地說：「他在家也是這樣的，誰也不搭理，總是一個人在房間中默默地玩一些奇怪的東西。只是需要某些東西的時候才會說一兩句，可能我家孫子的性格太內向了，家裡人都說他像個女孩子，可能是太害羞了。」

可是，一個學期過後，老師發現曉傑並不是害羞，當其他小朋友笑話他是個啞巴時，他並沒有顯得不高興，而是面無表情地坐在角落中默默地做自己的事情；當他在課堂上表現得不錯，老師誇獎他時，他也沒有半點的喜悅之情；即使在很多小朋友都感興趣的遊戲活動課上，他也從來不發言，也沒有表現出任何興趣，總是喜歡盯著教室的某些東西看半天，有時候則會一直玩著手中的小瓶蓋。於是，老師將這種情況再次反映給曉傑的父母。

此時，曉傑的父母也注意到兒子有問題：當他想要某樣東西，向父母表達時總是顯得很著急，但又說不清楚；常常手裡拿著一件東西，但拿了之後再次放回去，反覆多次那樣做。可是，忙於工作的兩個人卻無暇帶著孩子去看醫師，同時，他們對孩子的這種行為也感到有些丟臉和難堪，便讓曉傑先在家中待一段時間。

隨著曉傑漸漸長大，他常常會透過哭鬧、踢打他人等行為來發洩自己的不滿。有一次，他竟然因為不開心而將奶奶推倒在地，所幸奶奶摔得不重。這才讓父母重視起來，急忙帶著曉傑去看醫師。經檢查得知，曉傑是患上了自閉症。

自閉症（autism），這種心理障礙會影響個人的社交能力和人際關係，輕者會對社會功能有不同程度的損害，嚴重者則會導致生活難以自理。比如不能獨立外出，常常會有攻擊、自殘等行為。對於患有自閉症的孩子而言，他們大多無法正常在幼稚園裡生活，而是需要特殊的教育。不過，有心理學家指出，如今隨著社會的發展，應盡可能地開展融合教育。

據調查發現，在幼兒族群中，自閉症的發生已經超過了兒童癌症、糖尿病、愛滋病的總和，它的危害並不比這三種疾病低。每一百一十個孩子中就有一個患有自閉症，每七十個男孩中就有一個自閉症患者。另外，自閉症往往給家庭和社會造成很大的壓力。

對於很多家長來說，他們對自閉症的認知存在很大的誤解，有些人認為自閉症是無法治癒的，還有人認為，自閉症患者並不需要治療。其實，這些想法都是錯誤的。自閉症患者需要適當的教育和鍛鍊，才能緩解他們的症狀，使其正常地與人交流。所以，自閉症患者是非常有必要接受治療的。除了這些錯誤的認知，還有哪些自閉症的認知迷思呢？

◆自閉症患者是沒有任何情感的

由於很多自閉症患者不會表達自己的情緒，經常面無表情，給人一種冷冰冰的感覺，很多人都認為他們沒有任何情感。其實，他們也有自己的興趣愛好，只是在理解和表達方面有所欠缺而已。

◆患有自閉症的人可能有特殊的才能

很多人可能都看過《雨人》（*Rain Man*）這部電影，電影中查理的哥哥雷蒙雖然自閉，卻有超強的記憶力，並有「過目不忘」的本領，能夠準確地說出飛行史上曾經發生重大災難的航班班次、時間、地點、原因，還能記住電話本上任意一個讀過的電話號碼，他的心算甚至比電腦還要快。

因此，很多人就認為，自閉症患者都具有特殊的能力和超強的天賦。不過，心理學家指出，雖然有些自閉症患者真的具有像電影中所呈現的那種天賦，但具有這種超常天賦的自閉症患者只占一成左右。

◆自閉症患者都有智能障礙

心理學家指出，雖然很多自閉症患者的智力發育比較遲緩，但並不是說他們是「智障」。很多患者在學習方面是沒問題的，甚至在某些方面會超過正常的孩子。對於自閉症患者來說，他們不知道如何與他人溝通交流，不懂得如何表達自己的情緒。比如案例中的曉傑的學習能力是非常強的，所以經常受到幼稚園老師的表揚。

為了提高大家對自閉症的認知，聯合國大會在二〇〇七年十二月通過了決議，從二〇〇八年起，將每年的四月二日定為「世界提高自閉症意識日」（World Autism Awareness Day, WAAD），以讓更多的人關注自閉症的研究和診斷以及自閉症患者。

心理學家經過研究發現，自閉症患兒雖然有各式各樣的表現，但他們都存在三種主要的症狀：語言障礙、交流障礙和局限重複的興趣與行為（restricted and repetitive behaviors, RRBs）。一般來說，在孩子一歲半左右，家長會逐漸發現他們與其他孩子有所不同。

◆語言障礙

心理學家研究發現，語言障礙是大多數自閉症患者就診的主要原因。這種障礙有多種表現形式：患兒通常在兩三歲時還不會說話，或是正常語言發育後出現語言倒退的情況，雖然有些患兒語言能力比較強，但缺乏交流的功能，比如會重複相同的話語或是自言自語等，不能正確使用「你」、「我」、「他」等人稱代詞。

◆社會交流障礙

很多自閉症患者總是喜歡獨自玩耍，而不願意與其他孩子一起玩耍，也不喜歡參加群體性的遊戲；對父母的大多數指令不理會，但是會開心地執行一些他們自己感興趣的指令，比如吃零食、丟垃圾等；比較害怕陌生人；需要某些東西時，會拉著父母的手到某個地方，但並不會用手去指所需的物品；通常不會主動地尋求父母的關愛等。

◆局限重複的興趣與行為

患有自閉症的孩子對大多數兒童喜歡的活動和東西都沒有興致，但他們對某些特別的事物表現出異常的興趣，並會重複相同的行為或動作，比如玩弄開關、來回奔走，喜歡車輪、風扇等圓形物體。

除此之外，自閉症患兒還有其他表現：有些患者在某些方面往往表現出超凡的能力，比如音樂、記憶力等，特別是機械地記憶數字、時間、路線等；有些患兒則喜歡用特殊的方式來注視某件東西；不喜歡被他人擁抱；好動，而且注意力比較分散，從而被誤認為是過動症；喜歡發脾氣、做出攻擊他人等行為。

那麼，發現孩子患有自閉症時，家長應該怎麼做呢？對此，專家提醒，一定要及時帶著孩子到專業醫院進行診治，以免耽誤孩子的病情。而治療自閉症的方法有很多，關鍵是找對方法，有專家提出以下幾點建議：

◆遊戲療法

心理學家表示，這種方法是一種心理治療方式，也是常用的方法，可以讓自閉症患兒透過遊戲取代語言，運用肢體動作來表達自己的內心，與他人進行溝通。

目前，使用最多的就是沙盤遊戲，這種遊戲能夠培養他們的社交能力。具體的做法是：鼓勵自閉症患兒在大的沙盤和沙堆中玩耍，並讓幾個孩子一起玩，讓每個玩耍的孩子都與大家打招呼，然後依次玩耍。雖然效果不太好，但有一定的作用，可以促進患兒與其他孩子更好地溝通。

◆封閉式訓練

即對自閉症兒童進行系統化的教育，比如在投影儀上顯示一些動物的圖片，一邊讓他們看這些圖片，一邊告訴他們是什麼東西，還可以播放卡通給他們看，讓他們聽卡通的聲音。視覺刺激訓練對治療自閉症兒童有很重要的作用。

◆藥物治療

雖然目前沒有藥物能徹底治療自閉症，有些藥物卻能夠改善患者的一些情緒和症狀，比如情緒不穩定、過動、衝動行為等，從而能夠讓他們順利地接受教育訓練和心理治療。

拒學症：對學校心生恐懼

峰峰是一個八歲的孩子，由於爸媽都是做生意的，從來沒有上過大學，他們便對峰峰寄予厚望，希望他能考上一所國立大學。在峰峰五六歲的時候，媽媽就替他報了各種興趣班、才藝班，好讓他提前學習更多的知識，挖掘其天賦。所以，在峰峰六七歲時就能背下很多唐詩宋詞。當家人有親戚朋友來時，爸爸媽媽就會讓峰峰在眾人面前表演背誦古詩，引來眾人的掌聲和讚揚。可是最近，峰峰的表現卻讓爸爸媽媽很不解。

當媽媽早早起床送他去上學時，他卻在盥洗的時候故意拖拖拉拉，刷牙、洗臉竟然花了半個多小時。吃飯時也是慢吞吞的，當媽媽催促他時，他總是找出各種理由，不是飯太燙了，就是吃不下去。終於收拾完走出門外，他又對媽媽說：「我好像忘記帶鉛筆盒了。」說完，匆匆跑回房間裡找，過一會兒又稱忘記帶昨晚做的作業。可是後來媽媽卻發現，他那些「忘記」帶的東西都在書包裡放得好好的。快到學校附近時，他總是繞道而行。即使週末路過學校時，他也有些心慌和不安。

不僅如此，輔導班和學校的老師都反映峰峰最近有注意力不集中、記憶力下降等情況，背誦一首古詩常常要花很久時間；學習也沒有以前那麼積極了，平時在班上總是踴躍發言，如今卻變得沉默寡言。另外，他還會無緣無故發脾氣，經常會因為一點小事而與其他小朋友發生爭執。

峰峰是患上了「拒學症」(school refusal)。所謂的拒學症又被稱為學校恐懼症（school phobia)，是一種相對嚴重的兒童心理障礙。這種心理障礙多發生於七到十二歲的國小生身上。由於他們的內心存在各種不良的心理因素，導致他們害怕上學、害怕讀書，對此心存恐懼。心理學家表示，這種懼學心理並不是真正的恐懼，它是透過心理焦慮和軀體症狀的結合而表現出來的對上學的一種非理性緊張和恐懼。而當上學的壓力不存在時，孩子所表現出的症狀就會消失，大多數患有拒學症的兒童或少年都有一些精神官能症的特徵。

一般來說，拒學症患兒具有明顯的特點：對上學心存恐懼，甚至公開表示不願去上學；會有明顯的焦慮表現，如面色蒼白、內心不安、冒冷汗、呼吸急促，甚至還會出現腹痛、嘔吐等，情緒低落、無緣無故發脾氣、注意力不集中、記憶力下降等；在患病期間，如果父母強迫他們去上學，他們的焦慮情緒就會加重，如果父母同意他們暫時不去上學，其症狀就會立刻得到緩解，甚至全部消失。

其實，不僅是剛剛上學的國小生，對於即將大考的學生來說，他們也會對上學心存恐懼，特別是國三或是高三的考生，由於面臨會考、學測的壓力，他們一想到上學就會感到緊張、害怕。有畢業班的學生曾表示，一到假期，老師就會發下大量的習題，讓他們沒有時間去玩耍，快要開學時，他們內心就會不由自主地感到緊張、恐慌。

有心理學家表示，雖然拒學症患者的年齡不同，但他們都有一個共同點，就是對即將到來的學習生活缺乏必要的心理準備，從而產生焦慮、恐懼的情緒。這主要是因為悠閒的假期生活和上學後的緊張學習形成鮮明的反差，就會使孩子對上學產生心理陰影。

拒學症是如何產生的呢？心理學家總結出三個方面的原因。

◆性格原因

患有拒學症的孩子的性格大多比較膽小、敏感、多疑、愛面子等。

◆家庭原因

有些拒學症患兒的家長對他們的期望太高，從而導致孩子心理失衡，比如案例中的峰峰父母就是對他有過高的期望。

◆社會原因

在如今社會上，經常有片面地強調兒童早期教育的宣傳，所以很多「興趣班」、「才藝班」應運而生，有些文章甚至瘋狂鼓吹「人的成功取決於早期教育」。但教育專家表示，對孩子進行揠苗助長的教育只會加重他們的心理負擔，甚至會給他們帶來心理傷害。

拒學症不僅是心理障礙，也是一種情緒障礙，所以需要對患兒進行心理方面的調整和治療。那麼，如何避免孩子患有拒學症呢？如何進行調整和治療呢？有專家提出以下幾點建議：

◆進行適度的教育

教育專家指出，雖然早期教育是不可忽視的，但同時也要注意不同年齡層的孩子的特點和差異，從尊重孩子的個性出發進行適度的教育，而不要盲目地進行那種神童式的教育。

另外，如果孩子擁有某些天賦，父母可以誘發他們的這些天賦。比如：如果孩子喜歡說和寫，可以鼓勵他們多聽、多閱讀、多寫作等；如果孩子的抽象思維能力比較強，則讓他們多玩一些邏輯性的遊戲，跟他們講講推理故事等；如果孩子對音樂有天賦，則讓其上一些感興趣的音樂課，參加某些音樂活動等。

◆找出孩子「懼學」的原因

當家長發現孩子不願意上學時，不要一味地責怪、批評他們，更不要迫使他們去上學，以免加重其心理負擔，而是冷靜地與他們談心，找出真正的原因。

比如：如果孩子是對讀書感到有壓力，那麼，家長不要給孩子太大的課業壓力，對他們也不要有過高的要求，而是給予他們自由發展的空間，從培養他們的興趣開始。同時，對他們進行一些支持性的心理輔導，對其進行疏導、鼓勵，並做出耐心的解釋和指導，以讓他們漸漸走出心理陰影。

◆家長與學校積極配合，為拒學症患兒制定計畫

如果孩子不肯上學的焦慮症狀比較明顯，家長對此不要過於心急，要與學校的老師取得聯絡，互相配合，為他們制定計畫，以緩解孩子對學習的恐懼心理。

比如在開始時，家長可以讓孩子在學校待一個小時，如果這一步取得成功，接著可以將時間延長為兩個小時，然後再延長至半天。讓孩子心理上逐漸過渡，直到孩子慢慢願意待在學校。當孩子取得進步時，家長和老師要及時地給予表揚和鼓勵。在治療的過程中，父母和老師也要有耐心，給予他們適度的關心和支持。

歇斯底里：無法控制的情感發洩

薇薇是一個十歲的孩子，由於爸爸媽媽常年在外地工作，所以她從小跟著爺爺奶奶一起生活，爺爺奶奶對她也是百般寵愛，總是由著她的性子來。久而久之，薇薇變得相當任性，只要稍微不滿意，她就會又哭又鬧。

有一次，薇薇在學校中看到有同學穿著一雙漂亮的新鞋子，於是，她回到家中哀求奶奶買給她。當時奶奶正在忙著做家事，就安慰她說：「等奶奶忙完再帶妳去買吧。」可是薇薇不聽，立刻坐在地上哭鬧起來，只見她憋著氣，面色蒼白，兩隻腳不停地亂蹬著。奶奶見此非常擔心，立刻放下手邊的工作，對薇薇說：「我的心肝，妳快點起來，奶奶現在就帶妳去買。」薇薇聽後，很快就像沒事似的站了起來。

還有一次，薇薇考試沒有考好，爺爺看到她的試卷大都是因為粗心大意而做錯的。於是，爺爺拿著試卷責備了她兩句：「薇薇，這些題目不該錯的，妳怎麼都做錯了？妳還是太不認真了，以後考試答題時一定要細心。」當時，還有幾個鄰居在旁邊，他們也附和說：「粗心大意的毛病一定要改掉。」

薇薇聽聞，立刻不高興地從爺爺的手中搶回自己的試卷，然後將它撕得粉碎，還用力地踢倒旁邊的凳子。緊接著，她就開始哭鬧起來。爺爺勸說半天，她絲毫聽不進去，一直在一旁哭鬧不已，旁邊的鄰居見此直搖頭。過一會兒，爺爺就發現她四肢抽動、兩眼發直，於是急忙將其送到醫院中。

到了醫院後，醫師給她注射了生理鹽水，並告訴薇薇這是一種很強大的特效藥。薇薇聽聞，立刻停止了抽動，過一會兒就與醫護人員有說有笑起來。這讓爺爺看後非常不解：孫女這是怎麼了？

薇薇患上的是兒童歇斯底里（hysteria），是個人因為生活事件、內心衝突或是自我暗示等情緒因素而誘發的精神障礙現象。一般來說，這種精神障礙有兩種表現形式：解離症（dissociative disorders）和轉化症（conversion disorder）。

解離症常會表現出這樣的症狀：情緒失控，在幼兒時期，常常有哭鬧不止、憋氣、面色蒼白或是青紫、大小便失禁等表現；年齡比較大的孩子則表現出煩躁、哭鬧、破壞周圍的東西、撕衣服、四肢抽動等。一般來說，他們發作的時間長短與周圍人的注意程度有關，發作後部分內容會有所遺忘。

轉化症則表現出這樣的症狀：步態有些異常、說不出話來或是聲音嘶啞、癱瘓不能走路或是手不能活動等。這種症狀很少在兒童身上出現，如果有類似的發作大多是受到周圍人歇斯底里發作的暗示影響。

一般來說，歇斯底里的表現有一些共同的特徵：症狀沒有器質性病變基礎，無法用神經解剖學來解釋；症狀變化非常迅速，而且具有反覆性，不符合器質性疾病的規律；患者以自我為中心，通常會在別人注意的地方、時間發作，症狀具有誇大和表演性；患者很容易受到自我或是周圍環境的暗示而發作，也可能會因為暗示而加重或是好轉。

據調查發現，普通人群中患病率在百分之三到百分之十之間，這種歇斯底里多發生於學齡時期的孩子，尤其是發生於女孩身上。而鄉下患病率往往高於都市，經濟文化發展比較落後的地區發生較高。

這類精神障礙是如何產生的呢？有專家總結出以下幾點原因：

◆遺傳原因

醫學研究顯示，如果家族中有人患有歇斯底里，那麼孩子遺傳的機率就比較大。

◆軀體原因

如果個體的軀體有疾病、易疲勞、體弱等情況，也會誘發歇斯底里。

◆性格原因

醫學研究發現，大多數歇斯底里患者喜歡以自我為中心，喜歡展示自己，希望自己成為眾人注意的焦點；情感比較豐富、富於幻想，情緒反應激烈時常常分不清理想和現實等。很多兒童期歇斯底里患者發作往往是因為情緒因素所誘發的，比如委屈、緊張、氣憤、恐懼、突發事件等都會導致歇斯底里發作。

◆家庭原因

心理學家表示，如果家長的教養方式不恰當，也很容易誘發兒童歇斯底里。比如案例中的薇薇就是從小備受爺爺奶奶的寵愛，導致她性格上比較任性。

那麼，這種精神障礙如何治療呢？有心理學家表示，應該根據患兒的性格、心理特點、病因等進行治療，具體方法有以下幾種：

◆心理治療

首先，身心科醫師要獲得患兒的充分信任以及家長、老師的積極配合；然後，將家長與患兒分開詢問病史，並詳細了解真正的病因；在與患兒談話時要盡量地消除他們的緊張情緒，鼓勵他們說出內心的痛苦和矛盾，並告訴患兒這類精神障礙是可以治癒的，不要為此緊張和恐慌，同時也要告訴家長不要說一些負性的話語或是做一些行為暗示，從而漸漸消除導致歇斯底里發作的負性精神因素。

◆暗示療法

心理學家表示，患兒確診後，可以使用暗示療法進行治療，這是治療歇斯底里最為有效的方法之一。主要做法是給予患兒語言暗示，即告訴他們這是最好的藥物，具有特效的功能，使用之後就不會再出現這種症狀了。

◆藥物治療

對於患有歇斯底里的兒童來說，其表現有明顯的精神症狀或是痙攣發作等，醫師可以讓他們服用相應藥物進行治療。不過，兒童不能長期服用藥物，以免加強暗示作用而導致病情加重。

遺尿症：總在床單上畫「地圖」

九歲的樂樂已經上小學了，但讓家人不解的是，樂樂早已過了尿床的年齡，如今每天早上起來仍然會看到他在床單上畫的「地圖」。這讓媽媽很無奈，看著樂樂所畫的「地圖」，她都會斥責道：「你都多大了啊，怎麼還尿床呢？怎麼沒有一點羞恥心呢？」聽到媽媽的訓斥，樂樂垂著頭，一句話也不說。

其實，樂樂在很小的時候就有尿床的毛病。當時，他一直是奶奶照顧的。而奶奶面對這種情況，認為小孩子都會有尿床的現象，等他們長大了自然就不會尿床了。因此，家人也沒有將這件事放在心上。可是，當樂樂到了上學的年齡依然天天尿床，這讓心急的媽媽對他失去了耐心，每次看到床單上的「地圖」就對樂樂大聲責備。有時候，家裡有其他親戚朋友在，媽媽也毫不避諱地指責他。

為了不再讓樂樂在床單上畫「地圖」，媽媽開始讓九歲的樂樂包起了尿布。雖然樂樂對此極不情願，但又害怕媽媽的指責，所以迫不得已穿著。慢慢地，活潑好動的樂樂變得有些沉默寡言，不管是在家裡還是在學校都不喜歡與人溝通，常常默默地坐在一個角落裡看書。特別是在學校，他為了不讓同學們知道自己那麼大了還包著尿布，所以在上廁所時經常是偷偷一個人跑去，彷彿去做見不得人的事情。

長此以往，樂樂的功課變得越來越差，而且性格也變得越來越自卑，遺尿的情況越發嚴重。媽媽發現這個情況才引起重視，覺得兒子可能有問題，所以急忙帶著他去醫院檢查。醫師檢查後告知樂樂媽媽，樂樂患上了遺尿症，需要及時治療。

所謂的遺尿症是指三歲以上的兒童在沒有神經系統或是泌尿生殖系統器質性疾病的情況下，會在夜間睡眠時出現無意識地排尿。一般來說，嬰兒無法控制排尿，這是一種正常的現象。而遺尿分為夜間遺尿和白天遺尿，以夜間遺尿居多。

一項調查顯示，夜間遺尿的患病率是非常高的，大約有百分之十六的五歲兒童和百分之十的七歲兒童患有遺尿症。另外，大概有百分之三的患兒的症狀會一直持續到成年。心理學家指出，由於患兒持續存在夜間遺尿，會嚴重影響他們的自尊心和自信心，也對其一生產生很大的影響。

那麼，遺尿症是如何產生呢？有專家經過研究總結出以下幾點原因：

◆遺傳原因

醫學研究發現，遺尿症家族發生比較高。如果父母一方患有遺尿症，那麼，出生的嬰兒則有百分之五十的機會患上此病，如果父母雙方都曾患過遺尿症，那麼，孩子的患病機率高達百分之七十五。

◆家庭原因

由於家長對孩子排尿習慣訓練不恰當，沒有讓他們養成正常排尿的習慣或是兒童的生活不規律、課業壓力過大等，都可能造成夜間無法適時排尿而出現遺尿的現象。

比如：案例中的樂樂從小是由奶奶帶大的，老年人總認為孩子睡眠比尿床更重要，所以沒有對樂樂的排尿習慣進行訓練。而當樂樂出現尿床的現象時，家人卻不以為意，認為孩子大了自然不會再尿床了，從而導致樂樂每到夜間就會尿床。

◆睡眠原因

患有遺尿症的兒童在夜間睡眠時往往比較深，而且不易將其喚醒，即使在喚醒他們後，他們仍然處於意識迷糊不清，半睡半醒的狀態，無法感受膀胱的尿意，自覺地進行反射性排尿，所以就會在夜間發生尿床的現象。

◆心理原因

由於很多家長不明白遺尿症的病理，當發現孩子尿床後就會進行嚴厲的指責、打罵，從而造成孩子心理緊張，並變得越來越自卑。

比如：媽媽在發現樂樂多次尿床後，不僅嚴厲指責他，還當著其他人的面批評他，導致他內心越來越緊張、害怕、自卑，從而導致其遺尿症越來越嚴重。

當孩子患上遺尿症後，家長應該怎麼辦呢？專家指出，治療遺尿症是一個系統的過程，需要醫師與患兒及其家長進行全面的配合，透過心理治療、藥物治療等方法，才能產生治療效果。具體的方法主要有以下幾種：

◆建立良好的習慣

專家建議，要替孩子安排好白天的活動，建立合理的生活制度，以免他們出現精神緊張或疲勞；建立良好的飲食習慣，晚飯以乾食、清淡為主，在睡覺前三到五小時飲用少量的水，不要吃西瓜、梨子等水果和牛奶，以減少膀胱的儲尿量；建立良好的睡眠習慣，在孩子入睡前，家長不要過分逗弄孩子或是讓其做劇烈的運動，抑或是看一些緊張刺激的影視劇，以免他們處於過分興奮的狀態；養成睡覺前排尿的習慣，讓孩子每晚睡前都要上廁所，讓膀胱中的尿液排空。

◆家長的理解和包容

對於家長來說，當發現孩子有遺尿的現象後不要指責、打罵他們，這樣只會讓孩子變得更加焦慮、緊張、害怕、自卑等，不僅會加重孩子的心理負擔，還會導致症狀加重。因此，家長應該多給他們安慰和理解，並給予更多的關心，以緩解他們的緊張、恐懼等情緒。

◆藥物治療

這需要在醫師的指導下進行。

吹牛癖：喜歡編造和虛構

天天是一個活潑可愛的小男孩，如今已經上幼稚園大班了。他非常喜歡與小朋友一起玩耍，由於他的詞彙量豐富，當他與同學一起玩耍時，經常會聽到他一個人在那說個不停，而其他小朋友則在一旁靜靜地聽著。有一次，媽媽帶他回老家看望爺爺奶奶，到了中午，媽媽卻發現他正在向其他小朋友吹噓著什麼。

只見天天繪聲繪色地講道：「我們家裡有兩輛轎車，我爸爸開著一輛 BMW，而我媽媽開著一輛 Audi。每天上下學，他們開著不同的車來接送我。我們幼稚園的小朋友都非常羨慕我，所以在週末，我有時候也會讓爸爸媽媽載著其他小朋友出去玩。」其他小孩子聽了，一邊露出羨慕的眼神，一邊讚嘆道：「真是太棒了，我們都是爸媽騎機車接送的。你經常坐誰的車啊？」

天天繼續眉飛色舞地講述道：「通常都是坐爸爸的 BMW 商務車，他的車既寬敞又舒服，而且坐著也非常威風。」小朋友聽了，繼續追問道：「你這次回來坐誰的車呢？也讓我們看一看啊！」天天立刻回答道：「這次回來沒有開車，因為鄉下的路不好走，所以車子都停在我家的車庫裡了。」

媽媽聽到天天的「大話」，不由得感到很驚訝，因為家裡根本就沒有那麼好的車，更沒有什麼車庫。這讓媽媽不由自主地擔心，天天什麼時候變得那麼愛撒謊了。

其實在這之前，媽媽就發現天天喜歡吹牛。有一次，天天與幼稚園的小朋友玩耍時就向其他人炫耀：上週末，爸爸媽媽帶他去海洋館了，他看到了海豚、海豹、鯊魚等，自己還與海豚在岸邊玩耍，海豚還向自己發出邀請，讓自己下次再去看牠。可是上週末他們根本就沒有帶天天去海洋館。

對此，媽媽有些擔心和疑惑：天天是怎麼了？為什麼現在變得那麼愛吹牛呢？要不要當面揭穿他或是對他嚴厲責備呢？

有教育專家表示，對於很多學齡前和學齡初期的孩子來說，他們的想像力都是相當豐富的，很擅長改編之前自己耳聞目睹的一些事情，這其實是一件很正常的事。虛構往往能夠讓孩子建立自我，特別是在孩子七八歲時，他們已經掌握了很多詞彙以及現實和想像的區別，所以，他們很喜歡一些神奇的故事，比如巫師、聖誕老人等。

同時，專家也提醒家長，當發現孩子出現這種「吹牛」怪癖時，沒有必要驚慌，更不要一味地斥責他們。對於很多孩子而言，他們都有爭強好勝的心理，特別是男孩子，他們更喜歡表現自己。所以當與其他孩子在一起時，就會憑藉想像編造出一些驚險離奇的故事。有位教育專家說過：「家長千萬不要小看孩子們充滿好奇的探索活動，或是傻氣十足的胡思亂想，因為這正是創造能力的萌芽階段。」

那麼，孩子為什麼會有吹牛癖的行為呢？有專家總結出以下幾點原因：

◆彰顯自己的「強大」

如果孩子經常聽到他人的讚美和表揚的聲音，長此以往，他們就會認為自己是非常優秀的。為了彰顯自己的「強大」，他們往往會透過吹噓和炫耀來讓自己占上風，以獲得心理上的平衡。有些孩子則是由於有較強的自尊心和好勝心，喜歡誇大其詞，以壓倒對方來維護自尊。

另外，當三四歲的孩子想要引起他人的注意時，就會說出自己的一些「壯舉」，並且會誇張地進行講述。

◆富於幻想和想像

由於孩子的年齡比較小，而且生活經驗少，所以思維有些天馬行空，經常會將現實、想像和願望混在一起，從而會向他人吹牛。比如案例中的天天就是一直想去海洋館，但是爸爸媽媽沒有時間帶他去，所以他總是想像著自己去海洋館與海豚玩耍的情景，就向其他小朋友說起了「大話」，聲稱自己曾與爸爸媽媽一起去過。

◆記憶的「失誤」

有些孩子年齡比較小，所以他們的專注力非常有限，在聽大人講話時往往只關心自己所感興趣的事情，而忽略了其他內容。如果要求孩子在聽一遍之後就能將父母的話完全準確地記下來，是比較困難的。正是因為這種記憶的「失誤」，孩子在回憶父母所說的話時，會按照自己希望中的樣子來彌補那些記憶不確切的內容，說出來的話自然摻雜著吹牛的成分。不過，隨著年齡的增長，這種情況會有所改變。

◆嫉妒心

有些孩子經常受到他人的表揚，長此以往，他們就會認為自己是最優秀的。當發現其他小朋友受到讚美時，就會心生嫉妒，為了將對方比下去，他們就會說「大話」，以彰顯自己的優秀，而對其他同學進行貶低。

那麼，當家長發現孩子吹牛應該怎麼辦呢？對此，有專家提出以下幾點建議：

◆學會傾聽和引導

當父母發現孩子喜歡說一些「大話」時，應該學會傾聽，讓孩子們感受到尊重，從而願意向父母說出編造故事的最初想法和過程。在明白其中的原委後，父母可以引導他們懂得，不是所有的事情都可以編造的，比如：如果要講述自己的英雄行為，則要靠平時的歷練等道理。讓他們明白爭強好勝並不能誇大，實事求是才會受到大家的歡迎。

◆要讓孩子學會換位思考

當孩子喜歡處處占上風，在炫耀自己的同時，貶低其他小朋友時，父母應該提醒他們：如果其他小朋友這樣對待你，你心裡會不會有些不舒服呢？這樣將心比心地換位思考會讓他們意識到，如果為了炫耀自己而一味地貶低同學，只會遭到其他人的嫌棄，自己也就沒有了朋友。這樣一來，孩子就不會亂說「大話」了，也懂得尊重他人，為他人著想。

◆對孩子多一些鼓勵

如果父母發現孩子說「大話」時，要引導他們了解哪些內容是真實的、哪些是想像和期望的。如果孩子期望做某件事，父母應該多給一些鼓勵。比如當孩子向其他小朋友吹噓自己會游泳，比魚兒游得還快時，父母不妨告訴孩子要好好學習游泳，並堅持將這件事做好。

◆多帶孩子見見世面

當孩子喜歡吹噓一些沒有去過的地方時，父母有時間的話不妨帶著孩子去見見世面，讓其「開開眼」。有了這個基礎，即使他們的思維天馬行空，但所說的話也不會脫離實際。

◆與孩子講話要多說幾遍

當孩子的年齡小，專注力比較差時，父母與他們對話不妨放慢語速，以讓孩子聽明白。對他們講話時，可以多說幾遍，以讓他們記住更多的內容。

◆不要刻意誇獎孩子

專家建議，對於父母來說，不要刻意地誇獎孩子的行為和表現，而是要恰如其分地表揚他們。當孩子因為某件事而做出努力，並取得不錯的效果時，父母不妨就事論事進行表揚，則不是表揚他們的性格。

比如：當孩子將玩過的玩具收拾整理好時，父母不要對孩子說「你真是太棒了，真是個好孩子」這種話，因為這樣孩子不明白父母是在表揚他將玩具整理好，還是誇獎他不再玩玩具。可是，如果父母對孩子說「你能將玩過的玩具整理好，真是做得不錯，媽媽很開心」，孩子就會意識到自己的這種行為是正確的，以後還會堅持那樣做，長此以往，就會養成良好的生活習慣。

重複癖：不厭其煩地做某事

晴晴是一個三歲的小女孩，平日裡最喜歡聽媽媽講故事，特別是在睡覺前。只有聽完媽媽講的故事，她才能安心地入睡。可是，讓媽媽感到奇怪的是，買給晴晴的這本故事書已經講了好幾遍了，每個故事也都講了七八遍了，但她還是要求媽媽重複講給她聽，而且每次都聽得津津有味。

有一次，媽媽特意為她買了一本新的故事書，可是晴晴連看都不看，想聽故事時依然拿起那本聽了很多遍的故事書。於是，媽媽不解地問晴晴：「這本書的故事妳都已經聽了好幾遍了，媽媽都能背下來，妳為什麼總是聽不夠呢？」晴晴只是簡單地回答道：「我就是喜歡啊。」媽媽聽了很無奈，只好拿起那本故事書繼續對女兒講。

其實，不僅是聽故事，晴晴看卡通也是如此，喜歡反覆地看。最近，晴晴非常喜歡看《粉紅豬小妹》，可是每次當她打開電視看這部卡通時，總是不厭其煩地只看那一集。很多情節她似乎都已經記住了，但依然重複地看。媽媽見此，問她道：「這一集妳都看了多少遍了，有什麼好看的呢？妳怎麼都看不膩呢？」可晴晴卻像沒有聽見似的，依然雀躍地在那裡認真地看著，時不時還會被其中的情節逗得直笑，一副很滿足的樣子。

這讓媽媽不免感到擔心和憂慮：女兒怎麼會有這種「怪癖」呢？她是不是身體出現什麼毛病了呢？要不要將她的這種行為強行地改正過來呢？

其實，孩子的這種「重複癖」並不是什麼奇怪的事情，這是孩子的一種正常表現。有心理學家表示，孩子喜歡重複做某件事，是他們學習的最好方式，因為反覆去聽、去看一些內容，能夠幫助他們記住那些資訊，而且記憶的時間也會越來越長。所有的孩子喜歡反覆做某件事的原因都是一樣的，他們在做完後會感到非常開心。比如：當某些孩子學會了拼圖後，他們就會為了享受自己的新技能而一遍又一遍地做。重複去做不僅能夠提醒他們做事的方法，還能讓其享受完成任務的樂趣。

著名教育家蒙特梭利也表示，反覆做某件事情往往能夠提高孩子的智商。所以她建議父母和老師應該對孩子多做一些從感覺到概念、從具體到抽象的指導。她在《童年的祕密》（*The Secret of Childhood*）這本書中就曾講到自己所發現的一個現象：一個大概三歲的小女孩在擺弄積木時，總喜歡將一些圓柱形狀的積木放在不同的容器中，然後再將其取出來。這些圓柱形狀的積木大小都不一樣，但恰好能夠放在那些容器的瓶口中，如同軟木塞將瓶子蓋住一樣。最終，這個孩子做了四十二遍才心滿意足地停了下來。

當孩子有了這種體驗後，他們就像是剛剛充完電，顯得非常有活力，而且從中感受到很大的快樂。比如：孩子總是喜歡反覆聽同一個故事或是看同一集動畫片，可是對於成年人來說，看一遍就足夠了，但孩子們卻是百看不厭。這是因為孩子在重複聽或是看的過程中，獲得了快樂和成就。

因此，有心理學家指出，喜歡重複做某件事是年幼孩子共同的心理特點，這對他們的發展是相當重要的。因為處於這個年齡層的孩子，他們雖然有再認知的功能，甚至能夠發現和補充故事中一些遺漏的地方，但他們自己卻無法完整地講述這些故事，所以，他們很喜歡「大人講，他們來想」的方式。

由於年幼孩子的認知能力是有限的，因此，他們只有在不斷重複的過程才能發現更多新的資訊。而大人總是認為「沒有意思」的那些重複對他們來說並不是簡單的重複，而是每次重複都有新的感受和體會。所以，我們看到孩子在那裡不厭其煩地重複看著卡通或是聽故事時，表情總是那麼滿足和幸福。

有專家分析，年幼的孩子之所以會重複去做某件事，主要有兩個方面的原因：

◆心理發展的特點

因為年幼的孩子認知能力、記憶力發展等還不夠完善，所以不能像成年人那樣在較短的時間內接受大量的資訊。當他們在看不同的卡通或是圖畫書時，就會出現記不住的現象，而不斷地重複則能避免這種現象的發生，在重複的過程中也會讓孩子增強記憶，並從中體驗到成就感和樂趣。不過，隨著孩子的心理發展水準的提高，這種現象就會慢慢消失。

◆個性的展現

在對待事物的態度上，往往能夠很好地展現出不同的個性特點。由於孩子的個性正處於形成和發展的階段，而喜歡重複做某件事則是一部分孩子喜歡自己所熟悉的事物和喜歡重複的個性的一種展現。

因此，心理學家建議，面對有「重複癖」的孩子，家長不妨利用他們的這種重複性來培養其良好的生活習慣。因為很多孩子如果知道接下來會發生哪些事情，他們就會變得很有控制感，從而覺得更加舒服。比如：有些父母在每天晚上都會按照同樣的順序重複一些事情：吃飯、刷牙、洗澡、講故事、睡覺等。那麼，孩子就會輕鬆地按照這個順序去做，甚至有時候會主動要求那樣做。此時，不妨問孩子：「我們接下來該做什麼了？」有些孩子就會很快地回答出來。

當孩子學會做某件事後，他們很願意重複去做，因為他們能夠預見之後的事態發展。

當孩子將同一個故事聽了很多遍後，他們就會記住大多數段落的情節和結尾是什麼。久而久之，他們就會更積極地參與其中，從中體驗樂趣和滿足感。

另外，家長也可以利用孩子的「重複」，用一些新鮮的事物來吸引他們，並適當地滿足他們這種「重複」的需求，才能更好地促進孩子的心理健康發展。

第8章

心理怪癖：自己是不是患有「神經病」

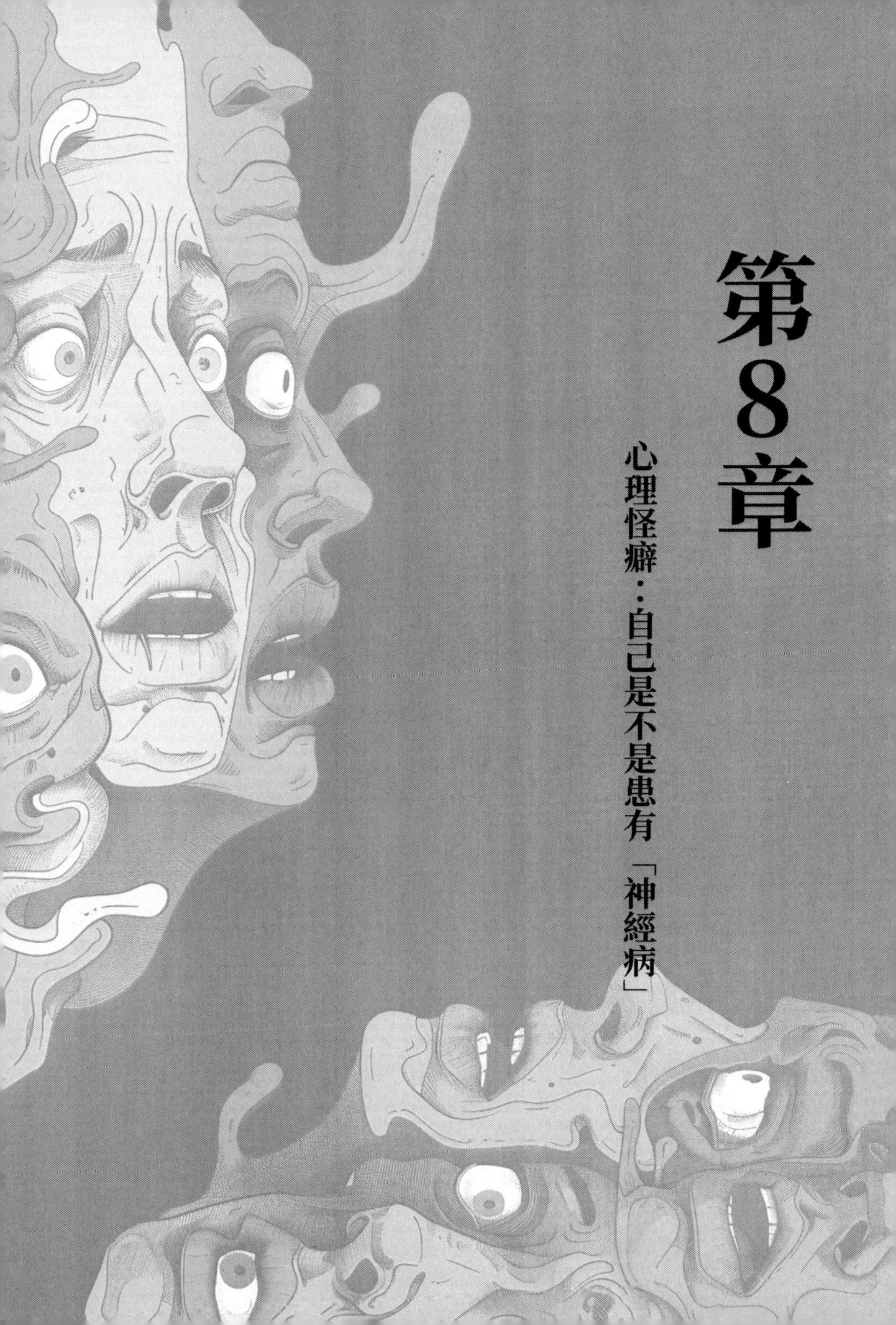

憂鬱症：是誰將快樂偷走了

彤彤是一名高三女生，她的成績一向不錯，而且還是班上的學藝股長。可是最近，她在一次測驗中由於發揮失誤而考得有些不理想。這讓她感到很失落，並陷入了自責中。因為彤彤是一個非常要強的女生，只要成績稍微有些下滑，她就會覺得自己對不起辛苦的父母。父母對她期望很高，希望她能考上臺大。

而彤彤的家境非常貧苦，父母都在鄉下務農，他們都期望女兒能夠完成他們上大學的夙願。另外，她深知父母供她上學很不容易，每次看到父母起早貪黑地忙碌時，她就暗暗對自己說：「一定要好好讀書，一定不能辜負父母的期望。」所以，在她的內心，自己要為父母而活，要用優異的成績來回報他們。

正是因為她背負如此大的壓力，導致她的成績不但上升不了，反而出現了下滑的現象。在學測前的幾次模擬考試中，她考得一次比一次差。因此，她變得非常焦慮不安，並不斷責備自己「太沒用了，怎麼對得起父母」。臨近學測前一個月，彤彤常常吃不下飯，難以入睡，而且早上很早就醒來了，總覺自己胸口堵得慌，呼吸似乎都變得有些困難。

不僅如此，原本喜歡運動的她，變得對任何活動都提不起興致，更不願與同學交流。當同學詢問她某些事情時，她總是愛理不理。因此，她的人際關係變得越來越差，常常獨自一人兩眼無神地回宿舍、吃飯。

在這種極度的焦慮中，彤彤在學測中自然發揮失常。當學測成績出來後，她感到相當無助和絕望，認為自己再也沒有臉面對辛苦的父母。當她漫無目的地經過一條河時，望著靜靜的河水，似乎看到了自己的歸宿。於是，她縱身跳進了河中。幸運的是，正好有人路過河邊，便立刻報了警和打了急救電話。由於搶救及時，彤彤被救了回來。後來，醫師經過檢查發現，她患上了重度憂鬱症。

憂鬱症又被稱為憂鬱疾患（depressive disorders），是一種常見的心理障礙。最重要的特徵是出現持久的情緒低落、對任何事物都提不起興致、悲觀、自責、飲食睡眠品質比較差、總感到渾身不舒服，嚴重者還會出現自殺的念頭和行為。憂鬱症患者每次發作會持續兩週以上，甚至會持續數年。大多數患者都有反覆發作的傾向。在醫學界，憂鬱症被稱為「第一心理殺手」，而患有憂鬱症的人內心是相當痛苦的，被稱為「世界上最消極悲傷的人」。

一般來說，憂鬱症會有以下幾種表現：

◆情緒低落

憂鬱患者往往從輕度的情緒低落轉變為悲傷、無助、絕望等。他們對任何事物都提不起興趣，心中的愉快感消失殆盡，每日鬱鬱寡歡，內心受到痛苦的煎熬，有時候還會出現焦慮不安的情緒。由於情緒低落，患者對自我評價很低，產生無用感、自責感、內疚感等，認為自己一無是處，過分貶低和否定自己的能力，從而看不到未來，甚至沒有生存的希望。

◆意志活動受到抑制

憂鬱症患者會行動緩慢，不想做任何事情，更不願與其他人往來，總是獨自一人。嚴重時甚至連吃喝都不需要，也不說話，而且個人衛生也不管不顧，變得蓬頭垢面。

◆認知功能受到損害

主要表現在記憶力下降、注意力無法集中、腦子變得遲鈍、思考能力降低、反應和行為遲緩等。

◆軀體疾病加重

食慾下降、胸悶、出汗、睡眠出現障礙等。睡眠障礙的主要表現是容易早醒，醒後就無法再入睡；有時很難入睡，睡眠非常淺。

◆有消極的自殺想法和行為

對於嚴重的憂鬱患者來說，他們常常萌生絕望的念頭，認為「自己是一個多餘的人」、「結束生命才是一種解脫」，這種念頭會使得他們發展成自殺行為。

說到心理疾病，可能很多人都會想到「神經病」、「變態」等詞語，而且大多數人都會覺得自己的心理非常健康，與那些心理疾病是永遠不相交的。其實，情況並非如此，心理疾病就潛伏在我們附近，每五個人中可能就有一個人患有心理疾病。

如今，隨著社會節奏的變快以及高強度的競爭壓力，導致很多人都患有憂鬱等心理障礙。據調查發現，在患有憂鬱症的人中，有百分之十五的患者會選擇自殺，而百分之七十的人曾有自殺的念頭。不僅僅是普通人，很多明星都因為憂鬱症而英年早逝。比如：張國榮、金鐘鉉等都因為憂鬱症而結束了自己年輕的生命，讓喜歡他們的人感到震驚和惋惜。

憂鬱症是如何形成的呢？有心理學家研究發現，憂鬱症並不是單一的因素導致的，它是多種因素共同作用下形成的。對此，有專家總結出以下幾個原因：

◆遺傳原因

醫學研究發現，憂鬱症的親屬一致率（concordance rate）高於普通人群，血緣關係越近，發病一致率就越高；如果一個人的父母、子女以及兄弟姐妹中有人患有重度憂鬱症，他要比沒有患憂鬱症親屬的人群有更高的機率罹患憂鬱症。

◆內分泌原因

如果身體內的激素、神經傳遞物等不平衡，即生化分子過量或是分泌過度也會誘發憂鬱症。之所以會出現這種情況是基因異常導致的，也有可能是藥物、紊亂的作息、長期的壓力引發的。

◆軀體疾病和濫用某些物質的原因

心理學家表示，有些軀體疾病有可能導致憂鬱症的發生，特別是慢性中樞神經系統疾病或其他慢性病，比如心血管疾病、惡性腫瘤等。另外，如果長期濫用和依賴海洛因、嗎啡、酒精、安眠藥等物質，也會引發憂鬱症。據調查發現，有五成的長期飲酒者患有憂鬱傾向。

◆心理和社會原因

心理學家經過研究發現，有些憂鬱症患者在患病前就有憂鬱氣質，當突然遇到重大的生活事件，比如失戀、親人去世等，強烈的負面情緒長期鬱積在心中，就會導致憂鬱症的發生。另外，童年的不良經歷會構成發生憂鬱疾患的重要危險因素，而成年期的某些經歷也會對憂鬱疾患或是憂鬱症發作產生重要影響。

◆認知偏見

對於憂鬱症患者來說，最重要的表現就是有異常的消極想法，情緒長期處於低落的狀態，這是因為大腦功能異常引起的。在人的大腦中，不同的區域並非孤立存在的，它們是由神經元將彼此連繫在一起的，並發揮著不同的功能，從而構成複雜的大腦神經網絡。一旦網絡中的某些節點的連繫遭到了破壞，大腦就會出現異常，從而產生認知偏見和情緒異常。這種認知偏見是憂鬱症患者長期情緒低落的主要原因。

所以，憂鬱症的形成有很多危險因素，在一般情況下，它們是共同發揮作用的。那麼，如何治療憂鬱症呢？如何找回生活的快樂呢？對此，有專家提出以下幾點建議：

◆藥物治療

心理學家表示，藥物治療是治療憂鬱症最為快捷的方法，憂鬱患者切忌盲目用藥，而是在醫師確診後，遵從醫師的囑咐服藥。

◆認知療法

由於憂鬱症患者最重要的表現是在認知上存在偏差，不管是對自我、他人和周圍的環境都是負性的認知，都是以消極的態度看待。而認知療法的目的是讓患者認識到自己的錯誤推理模式，讓其主動、自覺地進行改變。如果與藥物結合使用，效果可能會更好。

◆電痙攣療法（electroconvulsive therapy, ECT）

心理學家經過研究發現，電痙攣治療是一種非常有效的治療方法，能夠讓患者的病情得到緩解。這種方法又被稱為電休克療法（electroshock therapy），是用一定量的電流通過患者的大腦，導致他們的意識喪失和痙攣發作，從而達到治療目的。不過，這種方法不適合老人、小孩，如果患者有心血管疾病或是腦器質性疾病也不能使用。

◆運動療法

不同的運動項目能夠幫助人們減緩壓力，放鬆心情，減輕憂鬱情緒。運動療法比較簡單易行，而且能夠緩解憂鬱情緒，是一種比較有效、安全的治療方法。不過，在進行新的運動項目前，必須與負責診治的醫師商議。

◆做好預防和保健

研究人員對憂鬱患者經過長期研究發現，有百分之七十五到百分之八十的患者會出現多次復發的情況，所以，需要對他們進行預防性的治療。如果發作三次以上，則應該長期接受治療，並終身都要服用藥物，定期到門診觀察。做好保健工作，比如保持良好的心情，樂觀地看待自己的病情等；養成良好的作息習慣，保持充足的睡眠，不要過度勞累等；多食用清淡的食物、多吃新鮮的蔬菜和水果等。

焦慮症：時刻活在憂慮之中

凱凱是一名「高四」的學生，即重考生，雖然他極不情願重考，但在父母的百般勸說下，他只好讀起了「高四」。自從決定重考以來，凱凱就感到異常焦慮，因為他總是擔心自己多準備一年，再考不上理想大學的話，不僅讓父母失望，自己也難以接受這個結果，畢竟重考的選擇就已經讓他背負了巨大的壓力。

於是，在這段時間裡，凱凱比以往更加努力，每天早上他都是寢室裡第一個起來的，晚上則是最晚一個睡的人。有時候大家都去吃飯了，他依然在教室裡默默地看書。可是，即便他如此用功，在近幾次考試中也考得不是很理想，這讓他感到非常焦慮。他總是消極地想：如果以這樣的成績參加學測的話，自己必然會再次失利。每每想到這裡，他的內心就會感到莫名的緊張。

更讓他苦惱的是，在上課時，他一旦遇到聽不懂的問題就會相當著急和煩躁不安。隨後，他就開始胡思亂想，想著學測落榜後的情景。這導致他錯過很多課堂內容，從而讓他變得更加焦慮。久而久之，很多學習內容他都無法掌握，而且不會做的題目也越來越多。因此，他經常會在上課時感到心慌不已，而且還會不由自主地冒出冷汗。

不僅如此，他總是將自己的休息時間壓縮得很短，導致他長期睡眠不足，而且整個人的精神狀態看起來也非常糟糕。老師和同學發現他的這個變化後都勸說他休息一陣，可是凱凱卻做不到，只要在宿舍裡待上一會兒，他就會不由自主地感到心慌、緊張。

後來，在一次測驗中，大家都在認真考試時，凱凱突然在座位上暈厥了過去。老師立刻打急救電話將其送到了醫院。醫師經過細緻的檢查後發現，凱凱患上了焦慮症。

焦慮症（anxiety disorder）是以焦慮為主要特徵的精神官能症，它是一種心理障礙，其主要表現是沒有事實根據，也沒有明確的客觀對象和具體內容而感到緊張不安、恐懼，並且還會出現肌肉緊張、植物精神官能症（vegetative neurosis）等。在日常生活中，焦慮症是比較常見的。據調查發現，一般人的發生為百分之四，占精神科門診的百分之六到百分之二十七。另外，這種心理障礙常常好發於人的青年期，男女之比為二比三。

一般來說，在臨床上，心理學家常常將焦慮症分為急性焦慮和慢性焦慮。急性焦慮會表現為驚恐發作，而且大多在夜間睡夢中發生，常常會有瀕死感、胸口憋悶、呼吸困難等。由於內心驚恐而過度換氣（hyperventilation），從而造成呼吸性鹼中毒（即二氧化碳呼出過多，導致血液偏鹼性），誘發四肢麻木、面色蒼白等，進一步加重患者的恐懼不安。所以，當患者就診時往往情緒比較激動、緊張。一般來說，這種症狀發作持續幾分鐘或是幾個小時，之後症狀就會有所緩解或是消失。

急性焦慮是在慢性焦慮的基礎上產生的，不過，大多數患者的主要表現是慢性焦慮症狀。一般來說，慢性焦慮的典型症狀有：疲憊、心慌、氣急、胸痛、神經質。另外，還會出現冒冷汗、緊張、昏厥等症狀。

那麼，焦慮症是如何引起的呢？心理學家經過研究總結出以下幾個方面的原因：

◆遺傳原因

醫學研究發現，如今大多數心理疾病都與遺傳有很大的關係，可能是由於身體內的某些基因片段發生了丟失或是增加等因素導致的。心理學家表示，如果是由於遺傳原因而導致的焦慮症，並沒有具體發作條件，只有透過心理解壓來預防。

◆心理和性格原因

由於每個人的心理和性格不同，所以當面對同一件事情時處理的方式也有所不同。有些人在遇到困難和挫折時會輕易被打敗，從而處於消極的情緒狀態中，長此以往就會患上焦慮症；但有些人戰勝了困難和挫折，並獲得了成長。因此，心理學家表示，焦慮症是否會出現往往與個人的心理和性格有一定的關係。

比如：案例中的凱凱在面對重考時內心飽受壓力，總是認為如果這次再考不上就無顏面對父母，這讓他內心感到非常緊張、心慌、恐懼，長此以往，他患上了焦慮症。可是同樣重考的小王卻認為這次是一個好機會，既可以讓自己鞏固之前沒有學扎實的知識，也讓自己更了解如何應對升學考試。所以他的心態非常放鬆，學測自然考出了不錯的成績。

◆社會環境

有些焦慮症患者在日常生活中會經歷一些自己難以接受的事情，比如親人突然離世、公司破產等。這些事件重創了個人的身心，從而有可能導致他們患焦慮症。

由於焦慮症的症狀並不像其他心理疾病那樣明顯，所以很多人患有焦慮症，不但自己不清楚，周圍的親人和朋友也不了解，從而導致他們錯過了最佳的治療時間，等到發現的時候已經到了難以治癒的程度。面對焦慮症，需要患者和身邊的人及時覺察，需要患者和親人以及醫師的共同努力，才能更好地治療這種心理障礙。

那麼，如何治療焦慮症呢？如何預防呢？對此，有專家提出以下幾種方法：

◆心理治療

由於焦慮症是一種心理障礙，所以要靠身心科醫師的幫助，對患者的心理進行疏導，以讓其更好地接受治療。醫師會透過言語或非言語管道進行溝通，以與患者建立良好的關係，讓患者充分信任自己，然後運用心理學和醫學方面的知識來引導和幫助患者改變行為習慣、認知方式等。

◆藥物治療

醫師會根據患者的病情、身體狀況等綜合考慮，來為患者制定藥物治療的方案。而患者在服藥期間，要與主治醫師保持聯絡，一旦出現副作用或是其他問題可以及時解決，切不可自行調整藥物治療方案。

◆做好預防護理的工作

在日常生活中，我們要注意自己的身體健康狀況，注意適當放鬆，不要讓身體處於過度疲憊的狀態，該休息時好好休息，懂得張弛有度。在休息的時候，可以與朋友外出旅行、聚餐等，這樣能夠讓我們的情緒處於輕鬆的狀態，同時，也能擺脫焦慮的枷鎖，讓我們更好地應對生活中的各種事情，以減少消極情緒出現的誘因。

雙相障礙：這真的是一種「天才病」嗎

小馬從小就喜歡畫畫，並希望自己長大後成為一個畫家。可是，在上學期間，他的學科成績並不是很好，所以他常常在課堂上透過畫畫來消磨時間。的確，小馬在畫畫方面比他人更有天賦，所畫的東西看起來栩栩如生，所以在他上中學時還曾獲得繪畫比賽第一名的好成績。

不過，雖然他對畫畫很感興趣，但由於不愛讀書，導致他在班上的成績總是吊車尾，後來念了一所私立高職。由於高職的課程比較簡單，而且管理也很鬆散，小馬變得更不愛讀書，只是偶爾畫一幅畫。後來，他的學業沒有讀完，就輟學出去工作了。

可是在工作的這段時間裡，小馬感覺自己發生了一些變化：內心時常感到焦躁不安或是空虛；總感覺自己的體力大不如以前，感到非常疲憊，沒有精神；有時候就連最感興趣的畫畫也失去了興趣；有時候會感覺自己喘不過氣來，不想說一句話；情緒波動會非常大，甚至會做出一些衝動的事情。

有一次，在工作結束後，小馬與幾個朋友在路邊攤喝著酒，吃著燒烤。本來大家都很開心，豈料，小馬突然感到內心非常憤怒，無法將其發洩出來。於是，他想都沒想，直接拿起路邊的一塊磚頭砸向了一輛車的擋風玻璃，這讓他的朋友嚇了一跳。後來，在朋友的極力勸說下，他賠給車主一些錢，對方才作罷。

這種衝動的情緒也讓小馬感到很痛苦，他感覺自己身體中就像困著一個魔鬼，時刻在折磨著他以及家人。不僅如此，他常常失眠，難以入睡，而且沒有食慾，體重不斷下降。這導致他無法再正常工作，只好回到家中。家人一方面擔心小馬的身體，另一方面也擔心他再做出一些傷害他人的事情，因此，總會有人在家陪著他。特別是爸爸，小馬的爸爸本來性格比較外向，自從發現小馬的變化後，就變得比較沉默。這讓小馬看在眼裡，急在心裡，覺得自己對不起家人，內心感到非常愧疚，總認為自己不能再活在世上拖累家人。

不幸的事情終於發生了。有一次，爸爸下樓去取快遞，而小馬在廁所看到了刀片，他毫不猶豫地拿起刀片向手腕上劃去，鮮血噴湧而出。爸爸上來後發現這一幕，立刻打了一一九。隨即，小馬被送到醫院，經過及時搶救才保住了性命。後來，醫師對小馬進行詳細的檢查後發現，他患上了雙相障礙。

雙相障礙（bipolar disorder）是一種以顯著而持久的情緒高漲或是低落為特徵的精神障礙性疾病，同時，這種精神障礙在發作時還會出現相應的認知和行為改變。在間歇期，患者的精神狀態相對正常，但往往會有復發的傾向。雙相障礙也被稱為雙相情緒障礙（bipolar affective disorder），舊稱躁鬱症。雙相指的是兩種狀態：躁狂或是輕躁狂、憂鬱或是輕度憂鬱，每種狀態持續的時間都會隨著發病年齡、病情程度、家庭環境等不同而有很大的差異。

雖然雙相障礙的發生僅有百分之一，但研究發現，很多從事藝術領域工作的人都患有此種精神障礙，比如梵谷、貝多芬等，所以這種精神障礙又稱為「天才病」。二〇一三年，香港著名歌手陳奕迅曾表示自己患有雙相障礙，所以在演唱會結束後，他便與家人去英國度假養病。這也讓更多的人開始關注這種「天才病」。難道雙相障礙真的是「有才華的人」才會得嗎？真的是「天妒英才」嗎？對此，有心理學家表示，並不是這樣，患有雙相障礙的人非常多，但由於名人的影響力比較大，知曉率也更高，所以讓人很容易誤以為有才華的人易患雙相障礙。

據調查發現，有百分之二十五到百分之五十患有雙相障礙的人可能在患病後的某個時間段產生自殺的念頭，其中百分之十五到百分之十九的患者自殺成功。

另外，雙相障礙還會給社會帶來嚴重的經濟損失。在德國，有百分之七十的患者在患病後處於待業的狀態，而有百分之七十二的患者需要申請領取身心障礙救濟；在英國，雙相障礙整體醫療費用每年高達四億五千九百萬英鎊。

臨床診斷發現，患有雙相障礙會出現以下幾種症狀：

- 情緒持續處於低落的狀態：焦躁不安、憂愁等，內心缺少愉悅感；
- 對任何事物都喪失興趣，即使是以前感興趣的活動也提不起興致，如果勉強參加了某種活動，也無法投入其中；
- 精力不足，出現下降的現象，總感覺自己的體力大不如從前，感到非常疲憊，沒有精神；
- 注意力很難集中，做決定和思考的能力也出現下降的情況；
- 自我評價比價低，總是產生無助感、絕望感、無價值感；
- 時常產生自殺的念頭或是行為；
- 睡眠產生障礙，常常失眠；
- 食慾增強或是下降，導致體重也隨之增加或是下降；
- 由於情緒易怒，脾氣暴躁，導致人際關係變得緊張。

心理學專家表示，在第一項之外，再加上其他四項或是四項以上的症狀出現並持續兩週以上，影響患者的社會功能，並且排除吸毒、軀體疾病等引起的情緒變化，就可以診斷為憂鬱症發作；如果患者先後或是同時出現躁狂或是輕躁狂和憂鬱發作，則可以診斷為雙相障礙。

那麼，雙相障礙是如何形成呢？有專家總結主要有以下幾個原因：

◆遺傳原因

醫學研究發現，如果與患者血緣關係越近，那麼，患有雙相障礙的機率就越高，而一級親屬患病的機率要遠遠高於其他親屬，這與其他遺傳疾病的規律相符合。

◆突發事件

在日常生活中，由於某些重大事件突然發生或是內心長期存在不愉快的情感體驗，比如失去親人、夫妻離異、突然退休等，導致失落的情緒無法及時排遣，從而促使雙相障礙發生。

◆生活和工作的重壓

有些人由於生活和工作的重壓會出現沮喪、無助、壓抑等多種負面情緒，這也是導致雙相障礙發生的常見原因。

雙相障礙對人會產生巨大的影響，躁動的情緒會讓人發狂，做出衝動行為，而且還會讓患者的注意力、記憶力、思維反應能力等下降，產生自殺的念頭和行為；如果症狀加重，自殺的念頭也會變得更加強烈。所以，為了恢復正常的生活，罹患雙相障礙後一定要及時治療。那麼，如何治療雙相障礙呢？怎麼才能防範雙相障礙呢？有專家提出以下幾種方法：

◆藥物治療

對於絕大多數的雙相障礙患者來說，都需要住院治療，並服用藥物，嚴重者則需要強制住院治療。

◆家庭治療

對於雙相障礙患者來說，最重要的就是家人的關心和幫助。在他們服用藥物後，家人要幫助其保持穩定的情緒和規律的生活習慣，才能有效地避免病情加重。

比如：為患者保持安靜的環境，特別是患者處於狂躁期時，不要與他們進行有敵意的對話，不要長時間看電視，以免刺激他們，加重病情；讓他們有充足的睡眠和有規律的生活，以防止雙相障礙發作；給予他們關愛，這對患者康復來說是非常重要的，特別是有自殺傾向的病人；注意患者在季節變化時的雙相障礙症狀，特別是在夏季，往往是躁狂的高發期，家人要尤其注意。

◆自我調整情緒

心理學家建議，雙相障礙患者每天花一些時間整理自己的情緒，並對心理活動進行自我識別。比如：每天在入睡前問一下自己：「我今天過得開心嗎？」如果連續一星期的回答都是否定的，則要引起重視，及時找出不開心的原因，調整自己的情緒，可以向親朋好友傾訴或是進行心理諮商。如果不良的情緒影響到生活和工作，自己無法調整，則需要及時去醫院就診，千萬不要諱疾忌醫。

妄想症：對荒唐的觀點堅信不疑

小程與妻子是在一次聚會上認識的，妻子不僅漂亮，而且很能幹，由於工作關係，她經常與客戶有來往。兩個人結婚後，感情一向不錯，每天依然忙著各自的工作。可是最近，小程卻突然懷疑妻子對自己不忠，並疑心妻子與其他男人有見不得人的關係。

於是，小程非常在意妻子的一舉一動。當妻子在家中接電話時，雖然他表面上是在客廳中看電視，心思卻放在妻子的電話上，仔細聽著妻子與他人的對話。每當看到妻子笑臉盈盈地打著電話時，小程的內心更加確定妻子有外遇，與她通電話的人肯定是她的情人。

每當妻子離開家去上班時，小程就會全力地搜查妻子「出軌」的證據：檢查她的衣服上是否有其他男人的氣息，包中是否有他人留下的可疑物品。如果他出差不在家，回家第一件事就是檢查家中的衣櫃中是否有其他男人的衣服，如果自己的衣服位置發生改變，他就會懷疑妻子趁自己不在家時將其他男人帶回家。

有一次，小程竟然不去上班，偷偷跟蹤妻子。他發現妻子與幾位男性在餐廳裡吃飯，並且邊吃邊開心地聊著，在這個過程中，妻子不時地與其他幾個男性有肢體的接觸。這讓小程怒不可遏，他衝進餐廳，當場對妻子大吼道：「我對妳這麼好，妳為什麼要做出背叛我的事情呢？」妻子和其他幾個人很驚訝，不明所以地看著小程，不知道發生了什麼事情。

後來，小程才知道那幾個人是妻子的老客戶，正在向妻子介紹新的客戶。可是小程雖然了解了內情，卻依然對自己的結論深信不疑，他認為妻子肯定背著自己做了一些見不得人的事情，與其他男人有不可告人的關係。

之後，他常常跟蹤妻子的行蹤，並因為妻子與別的男性走得有些近而發生爭執，指責妻子與其他男人關係太過曖昧。其實，他所說的那些曖昧行為就是生活中的普通交談。有一次，小程竟然因為男同事送妻子回家而對妻子大打出手，認為她與那位男同事有染。最終，妻子因為無法忍受丈夫的跟蹤和毒打而離婚。

案例中的小程總是堅信伴侶對自己不忠，有外遇，所以經常跟蹤對方，甚至檢查對方的衣服，以尋找所謂的證據，這屬於妄想症（delusional disorder）的一種，又被稱為妄想性障礙，是一種心理障礙。所謂的妄想症，是指抱有一個或多個非怪誕性的妄想，同時不存在任何其他精神病症狀。心理學家表示，患有妄想症的人沒有思覺失調症病史，也沒有產生幻聽，但由於具體類型的不同，可能會出現觸覺性和嗅覺性幻覺。

據調查發現，妄想症的發生雖然比較低，但患有這種精神障礙不僅會損害患者的身心健康，使其偏離正常的生活軌道，嚴重者甚至會危及社會治安。一般來說，男性與女性的患病機率均等，而且發病的範圍比較廣。在發病前，大多數患者的性格比較孤僻、不合群。

妄想是一種病態性的思維，在病理思維的基礎上產生歪曲的信念，在沒有任何根據的前提下進行推理和判斷，繼而得出不符合實際的結論。但患者卻對荒唐的結論深信不疑，無法透過講道理將其說服，也無法用自己的親身經歷來改正其荒唐的信念。

在臨床上，妄想症患者會有以下表現：

- 個性比較敏感、自私自利、孤僻等，而且很喜歡猜忌；
- 總是透過「否認」和「投射」來處理自己的內心問題，從而加劇對他人的不信任，也更加系統化地構造妄想；
- 無法正確地認識自己；
- 無法信賴他人，總是認為自己周圍的人都是敵人，所以人際關係緊張；
- 分不清自我界限，也分不清自己與他人的看法；
- 有些患者自認為內心有不可告人的祕密，所以非常內疚，也怕他人知道。

根據症狀的不同，有心理學家將妄想症分為以下幾種：

■ 誇大妄想（delusion of grandeur）。患者總喜歡誇大自己的財富、權力、地位等。

■ 關係妄想（delusion of reference）。患者總是將實際與他沒有任何關係的事情，認為與自己有關係。

■ 自罪妄想（delusion of sin），也被稱為罪惡妄想，患者會毫無根據地認為自己犯下了嚴重的錯誤，甚至認為是一種罪行，而且罪大惡極，應該受到懲處，從而透過拒絕吃飯等行為來贖罪。

■ 被害妄想（delusion of persecution）。患者總是認為身邊的人會陷害、打擊自己，甚至認為其他人會在自己的食物和水中投毒等，因此他們會出現逃跑、傷人等行為。

■ 嫉妒妄想（delusion of jealousy）。患者總認為伴侶對自己不忠，發生外遇，所以會監視伴侶，甚至檢查對方的衣服，以尋找所謂的證據。

■ 情愛妄想（erotomanic type），也被稱為鍾情妄想（delusion of being loved）。患者大多是在十八到二十五歲，而且女性發生較高，但也會發生於男性身上。這種妄想症的表現是患者首先認為自己被他人鍾情，並肯定對方先愛上了自己。

- 物理影響妄想（delusion of physical influence）。患者認為自己的情感、思維等受到某種力量的控制、操縱等，比如某些儀器發出的雷射、X光等，所以稱為物理影響妄想。
- 暗示妄想。患者常常將其他人對於自己的某些舉動認為是某種好的或是壞的暗示，所以會造成很多誤會。
- 內心被揭露感（experience of being revealed），也被稱為內心被洞悉感。患者會認為自己的內心想法或是個人及其家人的隱私，沒有透過自己的表述他人就知道了。
- 其他妄想。比如被竊妄想、變獸妄想等。

那麼，妄想症是如何形成的呢？心理學家總結出以下幾個原因：

◆遺傳原因

醫學研究發現，大多數妄想症患者的家族都有妄想症或是思覺失調症患者，特別是一級親屬，更易患有此種精神障礙。這說明妄想症有可能是遺傳形成的，是由父母遺傳給子女的。

◆大腦區域異常

科研人員經過研究發現，大腦不同的區域如果發生異常，則有可能形成妄想症，特別是與知覺、思考相關的大腦區域，比如大腦的化學物質失衡等，都可能與妄想症有關。

◆心理和環境的原因

研究發現，與世隔絕、社交受限等人群與其他人相比更易患有妄想症；生活工作壓力過大、濫用酒精、藥物等也會誘發妄想症。這說明心理和環境的原因也會對妄想症產生一定的作用。

如今，患有妄想症的族群越來越龐大，各個年齡層都有可能患有這種精神障礙。而且妄想症的危害是非常大的，輕則危害身心健康，偏離生活軌道，重則危害社會。所以，患有妄想症要及時治療。那麼如何進行治療呢？對此，有專家提出以下兩種方法：

◆藥物治療

心理學家表示，治療妄想症首選的治療方法就是藥物治療，特別是抗精神病藥物。不過，對於不同類型的妄想症，要採用不同的治療方式：如果妄想症患者無法配合，則可以採用肌肉注射劑的治療方法；而對於情緒波動比較大的妄想症患者，他們往往會出現憂鬱的症狀，此時可使用一些抗憂鬱的藥物。

◆心理治療

這首先需要身心科醫師與患者建立良好的治療關係，然後給予對方支持來改變其某些異常行為。另外，如果患者是由於過度壓力而誘發的妄想症，醫師可透過認知行為療法，減緩患者對壓力的不當反應。如果患者同意的話，可以鼓勵家人參與進來，以更好地幫助患者進行治療。

第9章

實驗探究：複雜而陰暗的心理怪癖實驗

史丹佛監獄實驗：路西法變為撒旦

一九七一年，美國心理學家菲利普．津巴多（Philip George Zimbardo）在史丹佛大學任教，他將心理系大樓的地下室的一些房間和走廊改造成了一所「監獄」，並將每個房間裝修成牢房的樣子，還標有牢房號碼。以此來研究人們的虐待心理傾向到底是先天就存在的，還是後天養成的。

當一切都準備就緒之後，津巴多教授邀請史丹佛大學的學生作為實驗對象。在實驗開始之前，他們先對這批學生進行專門的測試，以確認他們是「心理健康、沒有疾病的正常人」。結果，有七十名學生參與了測試，但僅有二十四名通過。隨後，這二十四名學生以隨機的方式被分為兩組，分別扮演「監獄」中的角色：有九名學生充當「囚犯」，九名學生以三人為一組輪班擔任「看守」，剩下的六名則作為實驗候補。

之後，津巴多對他們進行為期兩個星期的實驗觀察。其實，在實驗開始之前，津巴多曾認為，這可能只是無聊的兩個星期。因為實驗剛開始時是比較尷尬的，不管對於「看守」還是「囚犯」來說，他們都需要時間來進入角色。

為了讓實驗更真實，「囚犯」的身分都是用數字來代替的，而且還讓他們穿上囚衣，手上和腳上都戴著手銬和腳鐐。同時，津巴多還與現實中的警方合作，讓警方對那些「囚犯」進行逮捕，並給他們的頭上套上牛皮紙頭套。而作為「看守」的實驗對象則穿著警服，戴著墨鏡，以提升權威感。當「囚犯」被關進監獄後，「看守」會對他們進行搜身。而那些參與實驗的學生們曾被告知，在實驗的過程中，他們的部分人權有可能會遭到侵犯。

於是，一些「囚犯」開始挑戰權威，他們故意將自己衣服上的編號撕掉，當「看守」下命令時他們也不予理會，還不斷地取笑對方。而這些「看守」則開始對「囚犯」採取各種措施，進行「鎮壓」：第一天晚上，他們就讓「囚犯」在半夜起床、做伏地挺身等，有時候還故意騎在他們身上來加大懲罰力度。對此，「囚犯」為了表達他們的不滿，將監獄的隔斷打通，並用床抵住牢門，不讓「看守」進來。

他們的行為激怒了「看守」，認為之前的懲罰對「囚犯」來說太輕了，於是，「看守」開始改變懲罰措施：用滅火器噴射他們、扒掉其囚衣、將帶頭的「囚犯」關禁閉等，以儆效尤。

當「看守」發現三個人無法很好地管理九名「囚犯」時，他們又想出了其他管理措施：將三個「罪行」比較輕的「囚犯」單獨關在一個牢房中，並對他們特別照顧，為其準備好美味的飯菜和乾淨的衣服，讓他們盡情地享受。關押半天後就將他們再放回去，然後將三個帶頭搗亂的「囚犯」抓起來折磨，以讓他們之間相互懷疑，認為前者是因為告密才會享受那麼好的待遇。因此，「囚犯」們開始變得互不信任。

在實驗進行到第三天時，這些「囚犯」從之前的反抗轉變為消極地忍受，而「看守」的懲罰措施則變得越發嚴厲：讓「囚犯」在房間的桶中大小便，並不讓其清理，從而導致難聞的氣味充斥在整個牢房中。強迫他們用手洗馬桶、剝奪他們的睡覺時間等。

此時，一個編號為8612的「囚犯」因為備受折磨而出現精神崩潰的狀況，這在實驗開始前是沒有預料到的。可是，當這名「囚犯」向津巴多教授提出「退出」實驗的要求時，津巴多卻完全進入了自己「監獄長」的角色中，他並沒有考慮參與實驗的學生的精神狀態，而是想到如果有人退出，實驗就無法進行。不過，後來實驗的另一名負責人同意8612退出，並讓一名候補學生參與實驗。

可是，這名候補人員加入後卻受到其他「囚犯」的孤立。於是，他透過絕食進行反抗，卻遭到囚禁以及「獄友」的百般羞辱，似乎他的反抗讓自己成了異類，也讓自己的「獄友」與「看守」們站在同一條戰線上。

一直到了第五天，一位女士的到訪才將津巴多從「監獄長」的角色中挽救出來。這位女士是津巴多教授的女友克莉絲汀，當她被邀請到「監獄」中參觀時，看到那些「看守」們對「囚犯」們進行百般羞辱和折磨後，她感到非常恐懼、憤怒，並對津巴多教授痛斥道：「你對這些學生造成太大的傷害了，他們並不是真正的犯人和看守，卻因為你讓他們受到如此非人的待遇。」

直到此時，津巴多教授才幡然醒悟，從角色中走了出來，並在第二天早上終止了實驗，史丹佛大學的「監獄」之門就此關閉。

在這次實驗中，津巴多教授親眼所見令人震驚不已的畫面：在特定的條件下，即使心理健康、正常的好人也會犯下令人髮指的暴行，這種性格的變化被津巴多稱為「路西法效應」(the Lucifer effect)——上帝最為寵愛的天使路西法在墮落後竟然成了惡魔撒旦。

透過這個實驗，有很多心理學家認為，環境對人產生的巨大影響往往出乎我們的意料，也讓我們非常震驚，它會讓人做出很多可怕的事情。在這個實驗進行的過程中，並不是所有人都對「囚犯」們施暴，也有「看守」認為那麼做不妥，但在群體的壓力下，他最終沒有發聲。就像實驗剛開始，有幾個「囚犯」想要反抗，可在「看守」的反覆打壓和懲罰下，他們不得不選擇默默地忍受。可見，環境對人的影響有多大，它會悄無聲息地改變每個人的個性。

其實，這種情況在現實中十分常見。比如：如今在校園中經常會出現的「校園霸

電子書購買

爽讀 APP

國家圖書館出版品預行編目資料

因為人腦太難解，所以需要怪癖心理學：強迫症 × 特殊愛戀 × 人格障礙 × 不良嗜好 × 殘酷實驗，生活中耳熟能詳的怪異行為，可能自己也是其中一員！ / 葉鴻羽 著，京師博仁 組編 . -- 第一版 . -- 臺北市 : 樂律文化事業有限公司 , 2024.07
面；　公分
POD 版
ISBN 978-626-98761-6-7(平裝)
1.CST: 行為心理學 2.CST: 行為治療法 3.CST: 認知治療法
176.8　　113008950

因為人腦太難解，所以需要怪癖心理學：強迫症 × 特殊愛戀 × 人格障礙 × 不良嗜好 × 殘酷實驗，生活中耳熟能詳的怪異行為，可能自己也是其中一員！

臉書

作　　者：葉鴻羽
組　　編：京師博仁
責任編輯：高惠娟
發 行 人：黃振庭
出 版 者：樂律文化事業有限公司
發 行 者：崧博出版事業有限公司
E-mail：sonbookservice@gmail.com
粉 絲 頁：https://www.facebook.com/sonbookss/
網　　址：https://sonbook.net/
地　　址：台北市中正區重慶南路一段 61 號 8 樓
8F., No.61, Sec. 1, Chongqing S. Rd., Zhongzheng Dist., Taipei City 100, Taiwan
電　　話：(02) 2370-3310　　傳　　真：(02) 2388-1990
律師顧問：廣華律師事務所 張珮琦律師
定　　價：420 元
發行日期：2024 年 07 月第一版
◎本書以 POD 印製